DAS CURRY

UND ANDERE INDISCHE SPEZIALITÄTEN

DAS CURRY

UND ANDERE INDISCHE SPEZIALITÄTEN

LINDA FRASER

XENOS

Deutsche Ausgabe:
ISBN 3-8212-0938-0

Am Hehsel 40, 2000 Hamburg 63
Übersetzt aus dem Englischen von Luzia Czernich, Haimhausen
Einbandgestaltung: Künne + Künne Werbeagentur, Hamburg
Satz: INTERPRESS Verlag GmbH, Hamburg
Printed in Germany

Die englische Originalausgabe erschien 1989 unter dem Titel
"The Book of Curries and Indian Food"
im Verlag Salamander Books Limited,
129-137 York Way, London N7 9LG

INHALT

EINLEITUNG

Indisches Essen ist nahrhaft und abwechslungsreich. Es gibt ganz unterschiedliche Regionalküchen — aber alle sind gleich schmackhaft und interessant.

In diesem Buch finden Sie über 100 Rezepte aus allen indischen Regionen. Alle sind ansprechend illustriert und Schritt für Schritt anschaulich erklärt. Entdecken Sie, wie man aus Alltagsspeisen exotische Gerichte zaubert. Vom bekannten Hühnchen Tikka über Seezunge mit Dillfüllung und golden gedünstetem Hühnchen.

Sie werden auch die breite Vielfalt der indischen Gemüsegerichte entdecken. Gewöhnliches Gemüse wird verwandelt, wenn es mit den herrlichen Gewürzen und den köstlichen Saucen kombiniert wird.

Entdecken Sie die Geheimnisse des indischen Brots, zum Beispiel Chapati und Naan. Die Rezepte sind ganz einfach nachzukochen.

Sie werden auch feststellen, daß indische Speisen nicht immer scharf sind. Es gibt leckere Salate, frische Chutneys und herrliche, unwiderstehliche Süßspeisen sowie erfrischende Sommergetränke, wie ein Limonen-Minze-Sherbet oder den Indischen Sommerpunsch.

Denken Sie immer daran, die Rezepte sind nur grobe Richtlinien. Geben Sie ruhig etwas mehr Gewürz dazu oder lassen Sie die Chilis weg — ganz nach Belieben.

Ihre persönliche Note — was die Inder ‹Hath ki bat› nennen — verleiht den Speisen ihre Besonderheit.

DIE KULTURELLEN EINFLÜSSE

Die indische Küche umfaßt die Küche vieler Regionen — Indien hat eine Fläche von mehr als eineinhalb Millionen Quadratkilometern —, und die Speisen sind ganz unterschiedlich.

Im Norden, wo das Klima gemäßigt ist, gibt es Schafzucht. Die Lammgerichte werden meist langsam im Rohr gegart. Etwas südlicher, um Dehli und im Pandschab, wird der Speisezettel üppiger. Man kocht mit Ghee (geklärter Butter) und ißt Hühnchen und Ziegenfleisch. In diesen nördlichen Regionen wird mehr Brot als Reis gegessen.

Im Osten, um den Golf von Bengalen, in den Flüssen und im Golf selbst gibt es Fische im Überfluß. In dem heißen, feuchten Klima wachsen Kokospalmen; die Kokosnuß ist ein wichtiger Bestandteil der Rezepte. An der Westküste, in Gujarat, sind Hülsenfrüchte und Gemüse die Hauptspeise. Auch im Südosten, in Tamil Nadu, sind die Menschen Vegetarier.

Im feuchten, tropischen Südwesten, in Goa und Malabar, gedeihen Dattel- und Kokospalmen und Bananenstauden.

Das Angebot an Fisch und Meeresfrüchten ist reichhaltig. Die Südinder essen mehr Reis als die Menschen im Norden. Sie dämpfen die Speisen, die meist sehr scharf sind. Das ist aber noch nicht das Ende der Geschichte.

Einflüsse von Rasse und Religion

In Indien gibt es eine Vielzahl von Rassen und Religionen, und die Religion hat einen großen Einfluß auf die Küche. Es gibt Hunderte von Religionen. Einige stammen aus Indien selbst, viele andere wurden im Laufe der Jahrhunderte von den verschiedenen Eroberern ins Land gebracht.

Jede Religion hat ihre Sitten und Tabus. So essen Moslems und Juden kein Schweinefleisch, Hindus und Sikhs ist der Verzehr von Rindfleisch untersagt. Manche Hindus sind strenge Vegetarier, andere essen Fisch und andere ‹Früchte des Meeres›.

Verwendung von Gewürzen

Die phantasievolle Verwendung von Gewürzen erhebt die indische Küche über jede andere Küche. Sie ist sehr aroma-

tisch und keineswegs immer scharf, obwohl die Gewürze dominant sind. Chilis, die Speisen Schärfe verleihen, wurden erst im 16. Jahrhundert von portugiesischen Händlern nach Indien importiert.

Rote Chilischoten sind meist schärfer als grüne, große milder als kleine. Wer die Speisen nicht sehr scharf haben möchte, sollte immer die Kerne entfernen. Chilischoten muß man vorsichtig verarbeiten. Sie enthalten ein Reizmittel, das sehr unangenehmes Brennen verursacht, wenn es mit der empfindlichen Haut an Augen und Mund in Berührung kommt. Samen oder Schnittflächen der Chilis nicht berühren und nach dem Verarbeiten immer die Hände waschen.

Andere Gewürze geben den Speisen eine gewisse Wärme, je nach Dosierung. Senfkörner, schwarzer Pfeffer und Cayennepfeffer sind scharf; gemahlener Ingwer, Muskat und Kardamom sind warm.

Große Stücke werden vor dem Servieren der Speisen besser entfernt.

Der Eckstein der indischen Küchen sind die Gewürzmischungen — die Masalas. Gewürze entfalten ihr Aroma am besten, wenn sie zerstoßen werden. Traditionell macht man dies auf einem Mahlstein. Für kleine Mengen verwendet man einen Mörser. Mit einer elektrischen Kaffeemühle erleichtern Sie sich die Arbeit.

Die gebräuchlichsten Gewürze sind Kreuzkümmel, Koriander, Senfsamen, schwarzer Pfeffer, gemahlenes Kurkuma, Zomt, Kardamom und Nelken. Es lohnt sich, die Gewürze im ganzen zu kaufen, da sie ein intensiveres Aroma haben als die fertig gemahlenen Gewürze. Kaufen Sie aber immer nur kleine Mengen. Gewürze luftdicht verpackt lagern.

Fette

Die traditionell verwendeten Fette der indischen Küche sind Ghee (geklärte Butter) und ein festes Pflanzenfett. Bis vor kurzem wurde in Nordindien ausschließlich Ghee verwendet. Aber mit einem zunehmenden Gesundheitsbewußtsein gehen viele Inder jetzt zu Pflanzenfett über. Für die Rezepte in diesem Buch wurde meist Pflanzenöl verwendet, und die Fettmenge ist so gering wie möglich gehalten.

GEWÜRZMISCHUNGEN UND KOKOSMILCH

NUSS MASALA

2 EL Pflanzenöl
1 TL Kreuzkümmelsamen
1 TL Kardamomsamen
3 TL Mohnsamen
1 TL schwarze Pfefferkörner
2 Knoblauchzehen, zerdrückt
2,5 cm frische Ingwerwurzel, gerieben
50 g blanchierte Mandeln oder ungesalzene Cashewnüsse, gehackt
75 ml kochendes Wasser

Das Öl in einer schweren Pfanne erhitzen. Die Gewürze hinzufügen und unter Rühren 5-10 Minuten goldbraun braten. Knoblauch und Ingwer dazugeben, 2 Minuten erhitzen und die Mischung abkühlen lassen. In einen Mixer mit Metallmesser einfüllen, Mandeln oder Nüsse und Wasser hinzugeben und alles zu einer Paste verrühren. Die Paste gut verschließen und bis zu einer Woche im Kühlschrank aufheben.

TANDOORI MASALA

3 TL Kreuzkümmelsamen
3 TL Korianderkörner
3 TL Cayennepfeffer
Ein paar Tropfen rote Speisefarbe

Kreuzkümmel und Koriander in einem Mörser oder in der Kaffeemühle zerkleinern. Cayennepfeffer und Speisefarbe hinzufügen und alles gut vermischen. In ein kleines, luftdichtes Gefäß füllen. Kann bis zu zwei Monate gelagert werden.

MURGHAL MASALA

Samen aus 50 g grünen Kardamomschoten
2 Zimtstangen, je 7 cm, zerstoßen
3 TL ganze Nelken
3 TL schwarze Pfefferkörner
1 TL Muskatnuß, gerieben

Die Gewürze mit einem Mörser oder in einer Kaffeemühle zu einem feinen Pulver zerkleinern. In einen kleinen, luftdichten Behälter füllen und bis zu zwei Monate lagern.

GARAM MASALA

4 TL Kardamomsamen
2 Zimtstangen, je 7 cm, zerstoßen
2 TL ganze Nelken
4 TL schwarze Pfefferkörner
3 EL Kreuzkümmelsamen
3 EL Korianderkörner

Die Gewürze in eine schwere Pfanne geben und bei mittlerer Hitze 5-10 Minuten unter Rühren braun werden lassen. Abkühlen lassen und dann zu einem feinen Pulver mahlen. Bis zu zwei Monate aufbewahren.

SCHARFE GEWÜRZMISCHUNG

4 EL Kreuzkümmelsamen
8 getrocknete rote Chilischoten
3 TL schwarze Pfefferkörner
3 TL Kardamomsamen
1 Zimtstange, 7 cm, zerstoßen
4 TL schwarze Senfkörner
3 TL Bockshornkleesamen

Zubereitung wie Garam Masala (siehe oben). In einem luftdichten Gefäß bis zu zwei Monate lagern.

KOKOSMILCH

100 g Kokosraspel, getrocknet oder frisch, oder Kokoscreme
500 ml heißes Wasser

Kokosnuß und Wasser in einen Mixer füllen (Metallschneider) und 1 Minute verrühren. Durch ein Nylonsieb gießen, die Flüssigkeit auspressen und die Kokosmasse wegwerfen. (Kokoscrememus man nicht durchseihen.)

Ergibt etwa 500 ml

MURGHAL MASALA-KOTELETTES

8 Lammkotelettes
3 TL Murghal Masala, siehe Seite 11
¼ TL Chilipulver
1 Knoblauchzehe, zerdrückt
3 TL Zitronensaft
Krause Endivienblätter und Cocktailtomaten zum Garnieren

Die Kotelettes abtupfen und überschüssiges Fett abschneiden. Die Fleischteile auf beiden Seiten zwei- oder dreimal einschneiden. Die Kotelettes beiseite legen.

Murghal Masala, Chilipulver, Knoblauch und Zitronensaft in einer kleinen Schüssel zu einer glatten Paste verrühren. Die Paste auf die Kotelettes streichen und diese 2 bis 3 Stunden an einem kühlen Platz liegen lassen, damit das Fleisch das Aroma der Gewürze aufnehmen kann.

Den Grill erhitzen. Die Kotelettes auf einen Rost legen und 12-15 Minuten grillen. Nach der Hälfte der Zeit wenden. Das Fleisch soll außen braun und innen noch rosa sein. Mit einem spitzen Messer in die Mitte der Kotelettes stechen. Ist der Fleischsaft hellrosa, sind die Kotelettes fertig. Heiß servieren, mit Endivienblättern und Tomaten garnieren.

Für 4 Personen

RINDFLEISCHKEBABS

750 g mageres Rinderhackfleisch
1 Zwiebel, fein gehackt
5 cm frische Ingwerwurzel, gerieben
3 Knoblauchzehen, zerdrückt
1 TL Chilipulver
3 TL Garam Masala, siehe Seite 11
1 EL gehackter, frischer Koriander
3 TL gemahlene Mandeln
1 Ei, geschlagen
25 g Kichererbsenmehl
6 EL Joghurt
2 TL Pflanzenöl
Rohe Zwiebelringe und Zitronenschnitze zum Garnieren

Hackfleisch, Zwiebel, Ingwer, Knoblauch, Chilipulver, Garam Masala, Koriander, Mandeln, Ei und Mehl in eine große Schüssel geben und vermengen. Die Mischung zudecken und an einem kühlen Platz bis zu vier Stunden stehenlassen, damit die Gewürze ihr Aroma an das Fleisch abgeben können. 16 bis 20 längliche Fleischbällchen formen und auf vier Spieße stecken. Joghurt und Öl verrühren und auf die Spieße streichen.

Den Grill erhitzen. Die Spieße 20 bis 25 Minuten grillen, bis sie braun und ganz durchgebraten sind. Während des Grillens mehrmals mit der Joghurt-Öl-Mischung bestreichen und wenden. Heiß servieren. Mit Zwiebelringen und Zitronenschnitzen garnieren.

Für 4 Personen

Hinweis: Die Fleischmasse kann man 12 Stunden im voraus mischen und im Kühlschrank aufheben.

LAMM TIKKA

1 kg Lammkeule, ohne Knochen
1 TL Kreuzkümmel, gemahlen
3/4 TL Kurkuma
Salz
6 EL Joghurt
1/2 kleine Zwiebel, fein gehackt
5 cm frische Ingwerwurzel, gerieben
2 Knoblauchzehen, zerdrückt
Ein paar Tropfen rote Speisefarbe, nach Wunsch
1 TL Garam Masala, siehe Seite 11

Das Fleisch von Fett befreien und in 4 cm große Würfel schneiden. In eine Schüssel geben und Kümmel, Kurkuma, Salz, Joghurt, Zwiebel, Ingwer und Knoblauch hinzufügen.

Gut vermischen und dann, nach Wunsch, soviel Speisefarbe hinzugeben, daß die Mischung rötlich aussieht. Zudecken und 4-6 Stunden im Kühlschrank marinieren. Die Fleischwürfel aus der Marinade nehmen und auf 8 kurze Spieße stecken. Die Würfel eng zusammenschieben.

Den Grill erhitzen. Die Spieße 15 bis 20 Minuten grillen, dabei mehrmals mit der Marinade bestreichen und wenden. Das Fleisch soll gebräunt und gar sein. Mit Garam Masala bestreuen und heiß servieren.

Für 4 Personen

Hinweis: Wenn man Metallspieße verwendet, kann man das Fleisch auf dem Holzkohlengrill zubereiten. Die Garzeit richtet sich nach der Grilltemperatur.

KASHMIR-MEATBALL-CURRY

750 g Lammhackfleisch
25 g Kichererbsenmehl
9 TL Garam Masala, siehe Seite 11
¼ TL Cayennepfeffer
6 EL Joghurt
Salz
2 EL Pflanzenöl
1 Zimtstange, 7 cm
6 grüne Kardamomschoten, zerstoßen
2 frische Lorbeerblätter
6 ganze Nelken
5 cm frische Ingwerwurzel, gerieben
2 EL gehackter, frischer Koriander zum Garnieren

Fleisch, Mehl, Garam Masala, Cayennepfeffer und die Hälfte des Joghurts in eine Schüssel geben, salzen und vermengen. 16 längliche Teigbällchen formen. Das Öl in einer schweren, flachen Pfanne erhitzen. Zimt, Kardamom, Lorbeer und Nelken ein paar Sekunden unter Rühren darin anbraten. Die Fleischbällchen hineingeben und von allen Seiten leicht bräunen. Ingwer hinzufügen und ein paar Sekunden mitbraten. Den restlichen Joghurt mit 250 ml kaltem Wasser verrühren und über das Fleisch gießen.

Deckel auflegen. Die Flüssigkeit zum Kochen bringen. Die Hitze reduzieren und das Gericht 30 Minuten köcheln lassen. 2- bis 3mal wenden, bis das Fleisch gar und die Sauce eingekocht ist. Mit Koriander bestreuen und heiß servieren.

Für 4 Personen

Hinweis: Wenn das Fleisch am Anfang viel Fett abgibt, sollte man dieses abgießen, bevor der Joghurt hinzugegeben wird.

SÜSS-SAURES SCHWEINECURRY

750 g Schweineschulter, ohne Knochen
6 EL Pflanzenöl
2 Zwiebeln, in dünnen Scheiben
9 TL scharfe Gewürzmischung, siehe Seite 11
50 ml Weißweinessig
1 TL weicher, brauner Zucker
2,5 cm frische Ingwerwurzel, gerieben
6 Knoblauchzehen, zerdrückt
1 TL Kurkuma
1 TL Paprikapulver
1 TL Koriander, gemahlen
1 rote Chiliblüte zum Garnieren

Das Fleisch abtupfen und in 2,5 cm große Würfel schneiden.

Die Hälfte des Öls in einer schweren Pfanne erhitzen. Die Zwiebeln hineingeben und unter Rühren etwa 10 Minuten braun und knusprig werden lassen. Dann herausnehmen und beiseite legen. Gewürzmischung, Essig, Zukker, Ingwer, Knoblauch, Kurkuma, Paprika und Koriander zu einer weichen Paste verrühren. Das restliche Öl in die Pfanne gießen und das Fleisch hellbraun werden lassen. Herausnehmen und beiseite legen.

Die Gewürzmischung in die Pfanne geben und 2-3 Minuten unter Rühren erhitzen. Das Fleisch wieder in die Pfanne legen. 250 ml Wasser einrühren und zum Kochen bringen. Zugedeckt 45 Minuten köcheln lassen, dann drei Viertel der Zwiebeln einrühren und alles weitere 15 bis 30 Minuten köcheln, bis das Fleisch weich ist. Mit Zwiebelringen und der Chiliblüte garnieren und heiß servieren.

Für 4 Personen

ROTES LAMM-MANDEL-CURRY

750 g Lammkeule, ohne Knochen
50 ml Pflanzenöl
6 grüne Kardamomschoten, zerstoßen
1 TL Kurkuma
1 TL Chilipulver
1 TL Kreuzkümmel, gemahlen
3 TL Paprikapulver
1 TL Koriander, gemahlen
1 kleines Stück Rattan Jog (Rinde, die Speisen rot färbt), nach Wunsch
1 Portion Mandel Masala, siehe Seite 10
150 ml Joghurt
440 g gehackte Tomaten aus der Dose
1 große Zwiebel, fein gehackt

Das Fleisch in 4 cm große Würfel schneiden (Fett vorher abschneiden). In einer schweren Pfanne das Öl erhitzen. Kardamom, Kurkuma, Chilipulver, Paprika, Koriander, Rattan Jog (falls gewünscht) und Masala hineingeben und unter Rühren 2 bis 3 Minuten braten. Dann Joghurt und Tomaten einrühren und zum Kochen bringen. Die Zwiebeln hinzufügen und 3-4 Minuten erhitzen. Das Fleisch in die Pfanne geben, umrühren und den Deckel auflegen.

Wieder zum Kochen bringen, die Hitze reduzieren und alles 40 bis 50 Minuten köcheln lassen, bis das Fleisch weich und die Sauce dickflüssig ist.

Für 4 Personen

Hinweis: Für besondere Anlässe kann man das Gericht mit echten Silberblättchen verzieren. Man bekommt sie in indischen Geschäften.

LAMM KORMA

750 g Lammkeule, ohne Knochen
50 ml Pflanzenöl
1 große Zwiebel, fein gehackt
1 Portion Cashewnuß Masala, siehe Seite 10
6 TL Garam Masala, siehe Seite 11
3 getrocknete, rote Chilischoten, entkernt, zerstoßen
2,5 cm frische Ingwerwurzel, gerieben
1 EL gehackter, frischer Koriander
250 ml Rahm
Salz
2 TL Zitronensaft
Korianderblätter und Zitronenschnitze zum Garnieren

Das Fleisch abtupfen, das Fett wegschneiden. Das Fleisch in Würfel (5 cm) schneiden.

Das Öl in einer schweren Pfanne erhitzen, das Fleisch hineingeben und von allen Seiten bräunen. Die Zwiebel hinzufügen und etwa 5 Minuten mitgaren, bis sie weich ist. Häufig umrühren. Masalas, Chilis und Ingwer einrühren und alles weitere 2 Minuten garen.

Koriander, Rahm und 75 ml Wasser hinzufügen, alles mit Salz würzen und zum Kochen bringen. Zudecken und etwa 1 Stunde köcheln lassen, bis das Fleisch weich ist. Zuletzt den Zitronensaft einrühren, das Gericht mit Koriander und Zitronenschnitzen garnieren und heiß servieren.

Für 4 Personen

MADRAS-FLEISCHCURRY

750 g Schmorfleisch
6 TL Pflanzenöl
1 große Zwiebel, in dünnen Scheiben
4 Nelken
4 grüne Kardamomschoten, zerstoßen
3 frische grüne Chilischoten, entkernt, fein gehackt
2 getrocknete rote Chilischoten, entkernt, zerstoßen
2,5 cm frische Ingwerwurzel, gerieben
2 Knoblauchzehen, zerdrückt
2 TL Koriander, gemahlen
2 TL Kurkuma
50 ml Tamarindensaft, siehe Hinweis
Salz
Salatblätter zum Garnieren

Das Rindfleisch in 2,5 cm große Würfel schneiden. Das Öl in einer schweren Pfanne erhitzen und das Fleisch von allen Seiten darin bräunen. Die Würfel herausnehmen und beiseite legen. Zwiebel, Nelken und Kardamomschoten in die Pfanne geben und alles unter Rühren 8 Minuten braten, bis die Zwiebel weich und goldbraun ist. Chilis, Ingwer, Knoblauch, Koriander und Kurkuma einrühren und 2 Minuten braten. Das Fleisch in die Pfanne geben, 50 ml Wasser dazugießen und zudecken. 1 Stunde köcheln lassen.

Tamarindensaft einrühren, salzen, wieder zudecken und weitere 15 bis 30 Minuten köcheln, bis das Fleisch weich ist. Mit Salatblättern garnieren.

Für 4 Personen

Hinweis: In indischen Geschäften erhält man Tamarindenmark, aus dem der Saft gewonnen wird. Ein walnußgroßes Stück 20 Minuten in 250 ml kochendem Wasser einweichen, in ein Musselinsäckchen legen und den Saft auspressen.

LAMMFRIKADELLEN MIT MINZE

50 g braune Linsen
300 ml kochendes Wasser
3 Zwiebeln, fein gehackt
500 g Lammhackfleisch
6 TL Garam Masala, siehe Seite 11
2 getrocknete rote Chilischoten, entkernt, zerstoßen
1 Ei, geschlagen
50 ml Joghurt
2 EL frische, gehackte Minze
2 frische grüne Chilischoten, entkernt, gehackt
50 ml Pflanzenöl
Frische Minzeblätter zum Garnieren

Die Linsen in eine Schüssel geben, mit Wasser bedecken und 2 Stunden einweichen.

Linsen mit Wasser, 2 Zwiebeln, Fleisch, Garam Masala und roten Chilis in einem großen Topf zum Kochen bringen. Auf mittlerer Flamme unter Rühren kochen, bis die Flüssigkeit verkocht und die Mischung trocken ist. Vom Herd nehmen und abkühlen lassen. Dann in einen Mixer füllen und zu einer weichen Paste verrühren. Ei und Joghurt hinzufügen und die Masse 2 bis 3 Stunden kühlen, dann 16 Kugeln daraus formen.

Restliche Zwiebel, Minze und grüne Chilis vermengen. In jede Fleischkugel eine Vertiefung drücken, mit der Minzemischung füllen und wieder verschließen. Die Kugeln flachdrücken (5 cm Ø). Das Öl in einer Pfanne erhitzen und das Fleisch portionsweise 4-6 Minuten braten (nach der halben Zeit wenden), bis es auf beiden Seiten gut gebräunt ist. Mit Minze garnieren und heiß servieren.

Für 4 Personen

LAMMKEULE MIT PISTAZIEN

1,75-2 kg Lammkeule, entbeint, gerollt und verschnürt
2 Knoblauchzehen, zerdrückt
2,5 cm frische Ingwerwurzel, gerieben
1 TL Kreuzkümmel, gemahlen
2 TL Murghal Masala, siehe Seite 11
Salz und Cayennepfeffer
125 g geschälte Pistazienkerne
6 TL Zitronensaft
6 TL brauner Zucker
125 ml Joghurt
2 Prisen Safranfäden
6 TL kochendes Wasser
3 TL Maismehl
2 EL geschälte Pistazienkerne, in Scheiben, zum Garnieren

Das Fleisch ringsum mit der Messerspitze einstechen und in eine Glasschüssel legen, Knoblauch, Ingwer, Kümmel, Masala, Salz, Cayennepfeffer, Pistazien, Zitronensaft, Zucker und Joghurt im Mixer zu einer glatten Masse verrühren. Das Fleisch damit bedecken und 24 Stunden marinieren. Gelegentlich wenden. Den Backofen auf 180° (Gas Stufe 4) vorheizen. Das Fleisch in eine Kasserolle legen, 150 ml Wasser dazugießen und zum Kochen bringen.

Deckel auflegen. Das Fleisch 1½ Stunden im Backofen braten. Die Hitze auf 140° (Gas Stufe 1) reduzieren und den Braten weitere 30 Minuten garen. 30 Minuten im ausgeschalteten Backofen stehenlassen. Safran 20 Minuten im Wasser einweichen und das Maismehl einrühren. Das Fleisch aus der Kasserolle nehmen und warmstellen. Das Fett abschöpfen, die Saffranmischung hineingeben und die Sauce unter Rühren kochen lassen, bis sie dick ist. Das Fleisch in Scheiben schneiden, mit Sauce begießen und mit Nüssen garnieren.

Für 6 bis 8 Personen

GEFÜLLTER WIRSING

2 Zwiebeln
5 EL Pflanzenöl
3 Knoblauchzehen, zerdrückt
2 frische, grüne Chilischoten, entkernt, gehackt
7,5 cm frische Ingwerwurzel, gerieben
500 g mageres Rinderhackfleisch
¼ TL Kurkuma
2 TL Garam Masala, siehe Seite 11
1 Kopf Wirsing
440 g gehackte Tomaten aus der Dose
6 TL Zitronensaft
Salz und Pfeffer
Zitronenscheiben zum Garnieren

1 Zwiebel hacken, die andere in Scheiben schneiden.

2 EL Öl in einem schweren Topf erhitzen. Die gehackte Zwiebel hineingeben und unter Rühren etwa 8 Minuten goldbraun werden lassen. Knoblauch, Chilis und ein Drittel des Ingwers hinzufügen und 1 Minute erhitzen, dann herausnehmen und beiseite legen.

Das Fleisch in den Topf geben. Rühren, bis es gut gebräunt und bröselig ist. Kurkuma und Garam Masala einrühren, 1 Minute erhitzen und dann die Zwiebelmischung hinzufügen.

Offen 20-30 Minuten kochen lassen, bis die ganze Flüssigkeit eingekocht ist. Gelegentlich umrühren. Abkühlen lassen. Das Herz des Wirsings mit einem scharfen Messer herausschneiden. Den Kopf im ganzen 8 Minuten in sprudelndem Salzwasser kochen. Herausnehmen und unter kaltem Wasser abspülen. Wenn der Wirsingkopf etwas abgekühlt ist, 12-16 Blätter ablösen. Den restlichen Wirsing fein schneiden.

Sauce: Das restliche Öl in einem schweren Topf erhitzen. Die Zwiebelscheiben hineingeben und unter Rühren 5 Minuten weich, aber nicht braun werden lassen. Geschnittenen Wirsing, Tomaten, restlichen Ingwer, Zitronensaft und 150 ml Wasser dazugeben, alles salzen und pfeffern und zum Kochen bringen. Ohne Deckel 5 Minuten köcheln lassen.

Das Backrohr auf 190° (Gas Stufe 5) vorheizen. Auf jedes Wirsingblatt etwa 2 EL Fleischmischung geben, die Blätter an den Rändern nach innen klappen und dann fest zusammenrollen. Etwas Sauce in eine feuerfeste Form gießen, die Wirsingrouladen hineinlegen und mit der restlichen Sauce übergießen. Zudekken und 40 bis 50 Minuten garen, bis der Wirsing weich ist. Mit Zitronenschnitzen garnieren.

Für 4 Personen

LAMM MIT ZWIEBELN

750 g Lammschulter, ohne Knochen
1 TL Kurkuma
1 TL Kreuzkümmel, gemahlen
1 TL Koriander, gemahlen
2,5 cm frische Ingwerwurzel, gerieben
2 Knoblauchzehen, zerdrückt
50 ml Pflanzenöl
3 TL Zucker
4 große Zwiebeln, in dünnen Ringen
500 g Kartoffeln, in großen Stücken
Salz und Cayennepfeffer
1 TL Garam Masala, siehe Seite 11
Rosmarinzweig zum Garnieren

Das Lammfleisch in Würfel schneiden.

Das Fleisch in eine Glas- oder Porzellanschüssel füllen. Kurkuma, Kümmel, Koriander, Ingwer und Knoblauch vermischen und zum Fleisch geben. Mischen, Deckel auflegen und an einem kühlen Platz 2 bis 3 Stunden marinieren. Das Öl in einem schweren Topf erhitzen, bis es raucht. Erst Zucker, dann Zwiebeln einrühren. Auf mittlerer Hitze etwa 10 Minuten bräunen. Die Zwiebeln herausnehmen und beiseite legen.

Das Fleisch in den Topf füllen und von allen Seiten braun werden lassen. Die Kartoffeln hinzugeben und 2 Minuten unter Rühren bräunen. Die Zwiebeln und 250 ml Wasser in den Topf geben, alles mit Salz und Cayennepfeffer würzen und zum Kochen bringen. $1^1/_4$ Stunden zugedeckt köcheln lassen, bis das Fleisch weich ist. Gelegentlich umrühren. Garam Masala einrühren und heiß servieren.

Für 4 Personen

WÜRZIGE SPARERIBS

1-1,25 kg fleischige Spareribs
9 TL scharfe Gewürzmischung, siehe Seite 11
1 TL Kurkuma
5 cm frische Ingwerwurzel, gerieben
1 kleine Zwiebel, fein gehackt
3 TL Weißweinessig
3 TL Tomatenmark
Frühlingszwiebeln und Tomaten zum Garnieren

Die Spareribs in die einzelnen Rippenstücke zerschneiden und auf 7 cm Länge hacken.

Die Stücke in einen großen Topf legen, mit kaltem Wasser bedecken und zum Kochen bringen. 15 Minuten köcheln lassen. Abtropfen lassen. Scharfe Gewürzmischung, Kurkuma, Ingwer, Zwiebel, Essig und Tomatenmark in einen Mixer füllen, mit 75 ml Wasser aufgießen und zu einer weichen Paste verrühren.

Die Spareribs in eine Schüssel (kein Metall) legen und mit der Gewürzmischung bedecken. 2 bis 3 Stunden an einem kühlen Platz marinieren. Die Spareribs in eine Grillpfanne legen. Den Grill erhitzen. Die Spareribs etwa 15 Minuten grillen, bis sie gut gebräunt und zart sind. Dabei immer wieder wenden und mit Marinade bestreichen. Mit Zwiebeln und Tomaten garnieren und heiß servieren.

Für 4 Personen

FLEISCH IN SPINATSAUCE

750 g frischer Spinat, gewaschen
Salz
750 g Schweinefleisch, ohne Knochen
3 EL Pflanzenöl
2 Zwiebeln, in dünnen Scheiben
4 Knoblauchzehen, zerdrückt
2,5 cm frische Ingwerwurzel, gerieben
9 TL Garam Masala, siehe Seite 11
½ TL Kurkuma
1 Lorbeerblatt
2 Tomaten, enthäutet und gehackt
2 frische grüne Chilischoten, entkernt, gehackt
150 ml Joghurt
Tomatenscheiben und Lorbeerblätter zum Garnieren

Die Spinatblätter (ohne Stiele) in sprudelndem Salzwasser 2 bis 3 Minuten weichkochen. Abtropfen lassen und unter fließendem kalten Wasser abspülen. In einem Mixer pürieren und beiseite stellen. Den Backofen auf 160° (Gas Stufe 3) vorheizen. Das Fleisch in Würfel (2,5 cm) schneiden. Das Öl in einer großen Pfanne erhitzen und das Fleisch darin von allen Seiten braun werden lassen. Das Fleisch dann in eine Kasserolle umfüllen.

Die Zwiebeln in die Pfanne geben und unter Rühren 10-15 Minuten dunkelbraun werden lassen. Knoblauch, Ingwer, Garam Masala, Kurkuma, Lorbeer, Tomaten und Chilis dazugeben und unter Rühren 2 bis 3 Minuten dünsten, bis die Tomaten weich sind. Joghurt und 150 ml Wasser einrühren. Über das Fleisch gießen, dieses zudecken und $1\frac{1}{4}$ bis $1\frac{1}{2}$ Stunden schmoren, bis es weich ist. Das Lorbeerblatt entfernen, Spinat und etwas Salz einrühren und wieder zudecken. Weitere 10 Minuten schmoren.

Für 4 Personen

LAMM MIT BLUMENKOHL

750 g Lammfilet
3 EL Pflanzenöl
2 Zwiebeln, fein gehackt
2,5 cm frische Ingwerwurzel, gerieben
4 Knoblauchzehen, zerdrückt
6 TL scharfe Gewürzmischung, siehe Seite 11
300 ml Lammbrühe
Salz
1 kleiner Blumenkohl, in Röschen zerteilt
1 TL Garam Masala, siehe Seite 11
2 TL Limonensaft
Limonenscheiben zum Garnieren

Das Fleisch in Würfel (2,5 cm) schneiden und beiseite legen.

Das Öl in einem schweren Topf erhitzen und die Zwiebeln hineingeben. Auf mittlerer Hitze etwa 5 Minuten rühren, bis die Zwiebeln weich sind. Ingwer, Knoblauch und scharfe Gewürzmischung einrühren und 1 Minute erhitzen. Das Fleisch in den Topf geben und von allen Seiten gut braun werden lassen.

Die Brühe einrühren, salzen und zum Kochen bringen. Zugedeckt etwa 25 Minuten köcheln lassen. Den Blumenkohl dazugeben und 5-10 Minuten mitköcheln. Gelegentlich umrühren. Wenn Fleisch und Blumenkohl weich sind, Garam Masala und Limonensaft hineingeben und alles vorsichtig verrühren. Das Gericht sehr heiß servieren und mit Limonenscheiben garnieren.

Für 4 Personen

HÜHNCHEN IN INGWERSAUCE

4 Hühnerbrüste, ohne Haut und Knochen
2 EL Pflanzenöl
6 Frühlingszwiebeln, fein gehackt
3 Knoblauchzehen, zerdrückt
5 cm frische Ingwerwurzel, gerieben
1 TL Kreuzkümmel, gemahlen
2 TL Garam Masala, siehe Seite 11
Salz und Pfeffer
3 TL Zitronensaft
6 EL heißes Wasser
Petersilienzweige und Zitronenscheiben zum Garnieren

Das Hühnerfleisch waschen und trockentupfen. In dünne Scheiben schneiden.

Das Öl in einer großen Pfanne erhitzen. Die Zwiebeln unter Rühren 2-3 Minuten weich werden lassen, dann aus der Pfanne nehmen. Das Fleisch hineingeben und bei hoher Temperatur etwa 5 Minuten von allen Seiten bräunen. Häufig umrühren.

Knoblauch, Ingwer, Kümmel, Garam Masala, etwas Salz und Pfeffer einrühren und 1 Minute erhitzen. Dann Zwiebeln, Zitronensaft und Wasser dazugeben, zudecken und alles etwa 10 Minuten garen, bis das Fleisch weich ist. Garnieren und heiß servieren.

Für 4 Personen

ENTE IN FRUCHTSAUCE

2,25 kg Ente
3 Zwiebeln, gehackt
125 g gehackte Nüsse, gemischt
50 g Semmelbrösel
4 EL frischer Koriander, gehackt
Salz und Cayennepfeffer
1 Eidotter
3 TL Garam Masala, siehe Seite 11
2 EL Pflanzenöl
2 Knoblauchzehen, zerdrückt
2,5 cm frische Ingwerwurzel, gerieben
1 TL Kurkuma
6 TL Koriander, gemahlen
1 TL Kichererbsenmehl
300 ml Joghurt
Saft von 2 Zitronen und 2 Orangen

Den Backofen auf 190° (Gas Stufe 5) vorheizen. Die Ente waschen und trockenreiben. Die Haut mit einer Gabel einstechen. In einer Schüssel 1 Zwiebel, Nüsse, Semmelbrösel, 3 EL frischen Koriander, Salz und Cayennepfeffer und Eidotter vermengen. Damit die Ente füllen und fest zubinden. Die Haut mit Garam Masala einreiben. Die Ente in eine Bratform legen und ca. 1¼ Stunden braten, bis sie weich ist. Herausnehmen und warmhalten. Das Öl in einem Topf erhitzen und die restlichen Zwiebeln darin weichdünsten.

Knoblauch, Ingwer, Kurkuma, gemahlenen Koriander, Salz und Cayennepfeffer und Mehl einrühren. 1 Minute andünsten, dann den Joghurt einrühren. 10 Minuten köcheln lassen, dann den Zitronen- und den Orangensaft einrühren und erhitzen. Nicht mehr kochen lassen. Die Ente zerteilen, mit Sauce übergießen und mit dem restlichen Koriander bestreuen. Heiß servieren.

Für 4 Personen

ZITRONE-KORIANDER-HÜHNCHEN

4 Hühneroberschenkel, enthäutet
4 Hühnerunterschenkel, enthäutet
50 ml Pflanzenöl
5 cm frische Ingwerwurzel, gerieben
4 Knoblauchzehen, zerdrückt
1 frische grüne Chilischote, entkernt, gehackt
½ TL Kurkuma
1 TL Kreuzkümmel, gemahlen
1 TL Koriander, gemahlen
Salz und Cayennepfeffer
Geriebene Schale und Saft einer Zitrone
125 g frische Korianderblätter, gehackt
Korianderblätter und Zitronenscheiben zum Garnieren

Die Hühnerteile waschen und trockenreiben. Das Öl in einer großen Pfanne erhitzen, die Hühnerteile hineinlegen und von allen Seiten braun werden lassen. Aus der Pfanne nehmen und beiseite legen. Ingwer und Knoblauch in die Pfanne geben und 1 Minute erhitzen. Chili, Kurkuma, Kümmel, gemahlenen Koriander, Salz und Cayennepfeffer einrühren und ebenfalls eine Minute erhitzen.

Die Hühnerschenkel wieder in die Pfanne legen, 125 ml Wasser, Zitronenschale und -saft hinzufügen und alles zum Kochen bringen. Zudecken und auf mittlerer Flamme 25 bis 30 Minuten garen, bis das Fleisch weich ist. Gehackten Koriander einrühren. Mit frischen Korianderblättern und Zitronenscheiben garnieren.

Für 4 Personen

Variante: Statt des Korianders kann man Petersilie und/oder Minze verwenden.

APRIKOSEN-HÜHNCHEN-CURRY

1,25 kg Hühnchenbeine, enthäutet
½ TL Chilipulver
3 TL Garam Masala, siehe Seite 11
2,5 cm frische Ingwerwurzel, gerieben
2 Knoblauchzehen, zerdrückt
125 g Trockenaprikosen
2 EL Pflanzenöl
2 Zwiebeln, in dünnen Scheiben
440 g gehackte Tomaten aus der Dose
3 TL Zucker
6 TL Weißweinessig
Salz

Die Hühnchenteile waschen und trockenreiben. Jedes Bein in 4 Teile schneiden und in eine große Schüssel legen. Chili, Garam Masala, Ingwer und Knoblauch dazugeben und rühren, bis die Hühnchenteile gut umhüllt sind. Zudecken und 2 bis 3 Stunden an einem kühlen Platz marinieren. In einer anderen Schüssel die Aprikosen mit 150 ml Wasser übergießen und 2 bis 3 Stunden einweichen.

Das Öl in einer schweren, großen Pfanne erhitzen und die Hühnchenteile darin auf großer Flamme von allen Seiten braun werden lassen (5 Minuten). Herausnehmen und beiseite legen. Die Zwiebeln in die Pfanne geben und unter Rühren 5 Minuten weichdünsten. Hühnchen und Tomaten in die Pfanne geben, zudecken und 20 Minuten garen (kleine Flamme). Die abgetropften Aprikosen, Zucker und Essig in die Pfanne geben, salzen und alles weitere 10 bis 15 Minuten zugedeckt köcheln lassen.

Für 4 Personen

TANDOORIHÜHNCHEN

1,25 kg Hühnerbeine, enthäutet
3 TL Limonensaft
Salz
1 kleine Zwiebel
3 TL Tandoori Masala, siehe Seite 10
2 TL Garam Masala, siehe Seite 11
2,5 cm frische Ingwerwurzel, gerieben
300 ml Joghurt
Limonenschnitze und Korianderblätter zum Garnieren

Die Hühnerbeine waschen und trockenreiben. Die fleischigen Teile 2- bis 3mal einschneiden.

Die Hühnerbeine in eine flache Schüssel (kein Metall) legen und beiseite stellen. Zwiebel, Masalas, Ingwer, Salz und Joghurt in einem Mixer verrühren, bis die Mischung weich und schaumig ist. Über das Hühnerfleisch gießen und die Schüssel locker verschließen. Das Hühnerfleisch an einem kühlen Platz 6 Stunden oder über Nacht marinieren.

Den Backofen auf 200° (Gas Stufe 6) vorheizen. Die überschüssige Marinade abgießen und die Hühnerbeine in eine Bratform legen. 25 bis 30 Minuten braten, bis sie weich und gut gebräunt sind. Mit Limonenschnitzen und Korianderblättern garnieren.

Für 4 Personen

Hinweis: Man kann auch ein ganzes Hühnchen (1,5 kg) verwenden. Dieses $1\frac{1}{4}$ bis $1\frac{1}{2}$ Stunden braten.

HÜHNCHENFRIKADELLEN

650 g Hühnerbrüste, ohne Knochen, enthäutet
100 g frische Semmelbrösel
4 Frühlingszwiebeln, fein gehackt
3 Tomaten, enthäutet, entkernt, gehackt
3 EL frischer Koriander, gehackt
2,5 cm frische Ingwerwurzel, gerieben
1 Knoblauchzehe, zerdrückt
1 TL Kreuzkümmel, gemahlen
1 TL Garam Masala, siehe Seite 11
Salz und Cayennepfeffer
1 Ei, geschlagen
50 ml Pflanzenöl
Tomatenschnitze und Frühlingszwiebeln zum Garnieren

Das Hühnerfleisch waschen und trockenreiben. Fein hacken und in eine Schüssel geben. Die Hälfte der Semmelbrösel, Tomaten, Zwiebeln, Koriander, Ingwer, Knoblauch, Kümmel, Garam Masala, Salz, Cayennepfeffer und Ei hinzufügen und alles gut vermengen. In 18 Portionen teilen und zu kleinen Fladen formen. In den restlichen Semmelbröseln wenden.

Das Öl in einer großen Pfanne erhitzen. Die Frikadellen in zwei oder drei Portionen von beiden Seiten goldbraun braten. Auf Küchenkrepp abtropfen lassen. Mit Tomaten und Frühlingszwiebeln garnieren und heiß servieren.

Für 6 Personen

Hinweis: Man kann die Frikadellen bis zu 12 Stunden im voraus zubereiten und dann kühlen.

ENTE-KOKOS-CURRY

4 Portionen Ente, ohne Haut
2 EL Pflanzenöl
1 TL Senfkörner
1 Zwiebel, fein gehackt
3 Knoblauchzehen, zerdrückt
5 cm frische Ingwerwurzel, gerieben
2 frische grüne Chilischoten, entkernt, gehackt
1 TL Kreuzkümmel, gemahlen
3 TL Koriander, gemahlen
1 TL Kurkuma
3 TL Weißweinessig
Salz und Cayennepfeffer
300 ml Kokosmilch, siehe Seite 11
2 EL Kokosraspel, geröstet, und Zitronenschnitze zum Garnieren

Die Ententeile waschen und trockenreiben. Öl in einer großen Pfanne erhitzen, das Fleisch hineinlegen und auf großer Flamme 8 bis 10 Minuten von allen Seiten braun werden lassen. Aus der Pfanne nehmen. Das Fett bis auf 2 EL ausgießen, die Senfkörner in die Pfanne geben und etwa 1 Minute erhitzen, bis sie beginnen aufzuspringen.

Die Zwiebel in die Pfanne geben und auf mittlerer Flamme goldbraun und weich werden lassen. Knoblauch, Ingwer, Chilis, Kümmel, Koriander und Kurkuma einrühren, 2 Minuten erhitzen. Essig, Salz und Cayennepfeffer dazugeben. Die Ente wieder in die Pfanne legen und in der Sauce wenden. Kokosmilch einrühren und zum Kochen bringen. Zudekken und auf kleiner Flamme garen, bis das Fleisch weich ist. Garnieren und heiß servieren.

Für 4 Personen

HÜHNCHEN BIRYANI

650 g Hühnerbrüste, ohne Knochen, enthäutet
500 g Basamati Reis, gewaschen
6 TL Pflanzenöl
6 grüne Kardamomschoten, zerstoßen
½ TL Kreuzkümmelsamen
2 Zwiebeln, in dünnen Scheiben
4 Knoblauchzehen, zerdrückt
5 cm frische Ingwerwurzel, gerieben
150 ml Joghurt
Salz und Pfeffer
1 große Prise Safranfäden
6 TL kochendes Wasser
Ein paar Tropfen rote Speisefarbe
3 EL Mandelblättchen, geröstet, und
2 EL Sultaninen zum Garnieren

Das Hühnerfleisch in Würfel (2 cm) schneiden. Beiseite legen. Den Reis 30 Minuten in kaltem Wasser einweichen, abtropfen lassen. In einer Pfanne 50 ml Öl erhitzen. Kardamom und Kümmel 1 Minute braten. Zwiebeln, Knoblauch, Ingwer und Fleischwürfel einrühren und auf großer Flamme braten, bis das Fleisch gut gebräunt ist. Löffelweise den Joghurt einrühren. Mit 125 ml Wasser aufgießen. Zudecken und 15 Minuten köcheln lassen.

Das restliche Öl in einem Topf erhitzen und den Reis darin 2 bis 3 Minuten unter Rühren goldbraun braten. Zum Hühnchen geben, salzen, pfeffern und umrühren. Zudecken und 12 bis 15 Minuten köcheln lassen, bis Reis und Fleisch weich sind. Safran 5 Minuten in kochendem Wasser einweichen. 6 TL Wasser zur Speisefarbe geben. Die Flüssigkeiten getrennt in den Reis gießen und so mischen, daß es weiße, gelbe und rote Körnchen ergibt.

Für 4 Personen

GOLDEN GEDÄMPFTES HÜHNCHEN

125 g Basmati Reis
1 Hühnchen, 1,75 kg
3 EL Pflanzenöl
½ TL Chilipulver
50 g Rosinen
50 g Mandelblättchen
1 EL frischer Thymian, gehackt
Salz und Cayennepfeffer
½ TL Kreuzkümmel, gemahlen
½ TL Kurkuma
1 TL Koriander, gemahlen
2 TL Garam Masala, siehe Seite 11
125 ml heißes Wasser
Thymianzweige zum Garnieren

Den Reis waschen, 30 Minuten in kaltem Wasser einweichen, dann abtropfen lassen. Das Hühnchen waschen und trockenreiben. Beiseite legen. 1 EL Öl in einem Topf erhitzen und den Reis darin unter Rühren 3 Minuten goldbraun braten. Chili, Rosinen, Mandeln, Thymian, 175 ml Wasser und Salz einrühren, zum Kochen bringen und zudecken. 10 bis 12 Minuten köcheln lassen, bis die Flüssigkeit eingekocht ist. Abkühlen lassen und das Hühnchen damit füllen.

Das Hühnchen zubinden und im Dampftopf weichkochen. Das restliche Öl in einem großen Topf erhitzen, Kümmel, Kurkuma, Koriander und Garam Masala, Salz und Pfeffer einrühren und 1 Minute braten. Das Hühnchen in diesen Topf legen und 5 Minuten von allen Seiten braten. Das heiße Wasser seitlich in den Topf gießen. Deckel auflegen und das Hühnchen 15 bis 20 Minuten auf kleiner Flamme weichgaren. Heiß servieren.

Für 4 Personen

ENTE MIT HONIG UND LIMONE

4 Portionen Ente, je 250 g, enthäutet
2 EL Pflanzenöl
1 Zwiebel, fein gehackt
2 Knoblauchzehen, zerdrückt
2,5 cm frische Ingwerwurzel, in dünnen Scheiben
8 grüne Kardamomschoten, zerstoßen
7,5 cm Zimtstange
3 EL heller Honig
Saft von 2 Limonen
Zitronenscheibchen zum Garnieren

Die Ente waschen und trockentupfen. Die fleischigen Teile zwei- oder dreimal einschneiden.

Die Ente in eine flache Schüssel (kein Metall) legen und diese beiseite stellen. Das Öl in einer Pfanne erhitzen und die Zwiebel darin unter Rühren weichdünsten. Knoblauch, Ingwer, Kardamom und Zimt hinzufügen und alles weitere 2 Minuten erhitzen. Honig und Limonensaft einrühren und die Sauce über die Ente gießen. Zudecken und an einem kalten Platz 2 bis 3 Stunden marinieren.

Den Backofen auf 200° (Gas Stufe 6) vorheizen. Die Ententeile in eine Bratform legen und 45 bis 60 Minuten braten. Gelegentlich mit Marinade bestreichen. Wenn die Ente braun und zart ist, mit Limonenscheibchen garnieren und heiß servieren.

Für 4 Personen

MURGHAL ENTE

500 g Entenbrüste, ohne Knochen, enthäutet
50 ml Pflanzenöl
1 Zwiebel, fein gehackt
1 Portion Cashew Masala aus 125 g Cashewnüssen, siehe Seite 10
1 TL Kurkuma
50 g Kokosraspel
100 g Sultaninen
150 ml Joghurt
6 EL Crème doûble
50 g Cashewnüsse, ungesalzen
1 grüne Chilischote, entkernt, gehackt

Das Fleisch waschen und trockentupfen.

In 0,5 cm dicke Streifen schneiden. 3 EL Öl in einer großen Pfanne erhitzen und das Fleisch hineingeben. Auf großer Flamme etwa 5 Minuten von allen Seiten bräunen lassen. Die Streifchen herausnehmen und beiseite legen. Die Zwiebeln in die Pfanne geben und unter Rühren 5 Minuten weichdünsten. Cashew Masala und Kurkuma einrühren und 2 Minuten erhitzen. Kokosraspeln, Sultaninen, Joghurt, Crème und Fleischstreifen einrühren.

Zudecken und auf kleiner Flamme 15 bis 20 Minuten garen, bis das Fleisch weich ist. Gelegentlich umrühren. Kurz vor dem Servieren das restliche Öl in einem Töpfchen erhitzen und die Cashewnüsse 2 bis 3 Minuten goldbraun anrösten. Chili einrühren und 1 Minute erhitzen. Das Fleisch in eine Servierschüssel füllen und mit der Nuß-Chili-Mischung bestreuen. Heiß servieren.

Für 4 bis 6 Personen

HÜHNCHEN MIT LINSEN

250 g Hühnerbrüste, ohne Knochen
250 g rote Spaltlinsen
½ TL Kurkuma
50 ml Pflanzenöl
6 grüne Kardamomschoten, zerstoßen
1 Zwiebel, in dünnen Scheiben
1 cm frische Ingwerwurzel, gerieben
Salz und Cayennepfeffer
6 TL Zitronensaft
1 TL Kreuzkümmelsamen
2 Knoblauchzehen, in dünnen Scheiben

Das Fleisch waschen und trockentupfen. In Würfel schneiden und beiseite stellen.

Die Linsen waschen, in einen großen Topf füllen, 1 l Wasser und Kurkuma hinzugeben. Zum Kochen bringen, zudecken und 20 bis 30 Minuten köcheln lassen. Abtropfen lassen. Inzwischen die Hälfte des Öls in einem großen Topf erhitzen. Kardamom 1 Minute anbraten, Zwiebel unter Rühren 8 Minuten goldbraun braten. Das Fleisch dazugeben und 5 Minuten von allen Seiten bräunen. Ingwer hinzufügen und 1 Minute erhitzen.

Salz, Pfeffer, 150 ml Wasser und Zitronensaft einrühren und zudecken. 25 bis 30 Minuten köcheln lassen, bis das Hühnchen weich ist. Die Linsenmischung einrühren und unter Rühren 5 Minuten mitköcheln lassen. Inzwischen das restliche Öl erhitzen, Kümmel und Knoblauch hineingeben und 2 Minuten rühren, bis der Knoblauch goldbraun ist. Hühnchen und Linsen in eine Servierschüssel umfüllen und die Knoblauchmischung darauf verteilen.

Für 4 Personen

HÜHNCHEN TIKKA

750 g Hühnerbrüste, ohne Knochen, enthäutet
150 ml Joghurt
2,5 cm frische Ingwerwurzel, gerieben
2 Knoblauchzehen, zerdrückt
1 TL Chilipulver
3 TL Koriander, gemahlen
Salz
6 TL Limonensaft
2 EL Pflanzenöl
Limonenscheiben zum Garnieren

Das Fleisch waschen und trockentupfen. In Würfel (2 cm) schneiden und auf Spieße stekken.

Diese Spieße in eine flache Form legen (kein Metall). In einer kleinen Schüssel Joghurt, Ingwer, Knoblauch, Chili, Koriander, Salz, Limonensaft und Öl vermischen. Über die Fleischspieße gießen und diese in der Marinade drehen. Zudecken und über Nacht (mindestens 6 Stunden) an einem kühlen Platz marinieren.

Den Grill anheizen. Die Spieße auf den Grillrost legen und 5 bis 7 Minuten erhitzen. Die Spieße gelegentlich drehen und mit Marinade bestreichen, bis das Fleisch gar ist. Mit Limonenscheiben garnieren.

Für 4 Personen

GEBRATENE HÜHNERSCHLEGEL

8 Hühnerschlegel, enthäutet
1 Zwiebel, fein gehackt
1 grüne Chilischote, entkernt, fein gehackt
2,5 cm frische Ingwerwurzel, gerieben
150 ml Joghurt
¼ TL Chilipulver
Salz und Pfeffer
Pflanzenöl zum Fritieren
2 EL frischer Koriander, gehackt
Salatblätter und Gurkenscheiben zum Garnieren

Die Hühnerschlegel waschen und trockentupfen, die fleischigen Teile 2- oder 3mal einschneiden. Die Schlegel in eine flache Form (kein Metall) legen.

Zwiebel, Chili, Ingwer, Joghurt und Chilipulver, etwas Salz und Pfeffer verrühren und über die Schlegel gießen. Diese in der Marinade drehen, bis sie ganz davon bedeckt sind. Zudecken und 2 bis 3 Stunden an einem kühlen Platz ziehen lassen, damit das Fleisch das Aroma aufnehmen kann.

Eine Frittierpfanne zur Hälfte mit Öl füllen und dieses auf 190° (bis ein Brotwürfel vom Vortag in 40 Sekunden braun ist) erhitzen. Je 4 Schlegel auf einmal 10 bis 12 Minuten fritieren, bis sie gar und gebräunt sind. Auf Küchenkrepp abtropfen lassen und warmstellen. Die restlichen Schlegel fritieren. Vor dem Servieren mit Koriander bestreuen und mit Salat und Gurkenscheiben garnieren.

Für 4 Personen

HÜHNCHEN IN SAUCE

8 Hühnchenoberschenkel, ohne Haut
250 g Tomaten aus der Dose, abgetropft
6 TL Tomatenmark
5 TL Chilisauce
2 TL Zucker
3 TL Garam Masala, siehe Seite 11
6 TL helle Sojasauce
5 cm frische Ingwerwurzel, gerieben
2 Knoblauchzehen, zerdrückt
Saft einer Zitrone und einer Limone
Zitronen- und Limonenscheiben zum Garnieren

Das Hühnchenfleisch waschen und trockentupfen. Die fleischigen Teile einschneiden. In eine flache Schüssel legen (kein Metall).

Tomaten, Tomatenmark, Chilisauce, Zucker, Garam Masala, Sojasauce, Ingwer, Knoblauch, Limonen- und Zitronensaft in einen Mixer füllen und zu einer glatten Sauce verrühren. Über das Fleisch gießen und 2 bis 3 Stunden an einem kühlen Platz ziehen lassen.

Den Backofen auf 190° (Gas Stufe 5) vorheizen. Hühnchen und Sauce in eine Bratform geben und offen 45 bis 50 Minuten braten. Das Fleisch dabei 2- bis 3mal mit der Sauce bestreichen. Mit Limonen- und Zitronenscheibchen garnieren und heiß servieren.

Für 4 Personen

CURRY-HÜHNERLEBER

250 g Hühnerleber
2 EL Pflanzenöl
2 Zwiebeln, in dünnen Scheiben
3 Knoblauchzehen, zerdrückt
2 TL Garam Masala, siehe Seite 11
½ TL Kurkuma
Salz und Pfeffer
6 TL Zitronensaft
2 EL frische Petersilie, gehackt
Petersilienzweige zum Garnieren

Die Hühnerleber waschen und putzen. Beiseite legen.

Öl in einer Pfanne erhitzen, die Zwiebeln hineingeben und auf mittlerer Hitze etwa 8 Minuten rühren. Wenn die Zwiebeln goldbraun sind, Knoblauch, Garam Masala und Kurkuma einrühren und die Mischung mit Salz und Pfeffer würzen.

1 Minute anbraten, dann die Leber einrühren und 5 Minuten mitbraten. Häufig umrühren. Die Leber sollen außen braun und innen rosa sein. Mit Zitronensaft beträufeln und Petersilie darauf streuen. Heiß servieren.

Als Vorspeise für 4 Personen

Hinweis: Man kann gefrorene Leber verwenden. Bei Zimmertemperatur 3 bis 4 Stunden auftauen.

SÜSSER SAFRANREIS

250 g Basmati Reis
1 TL Safranfäden
3 EL kochendes Wasser
3 EL Pflanzenöl
6 Nelken
6 grüne Kardamomschoten, zerstoßen
7,5 cm Zimtstange
100 g Rosinen
3 EL Zucker
Salz
Petersilienzweige zum Garnieren

Den Reis in ein Sieb füllen und unter kaltem Wasser gründlich waschen.

Reis und 650 ml Wasser in eine Schüssel füllen und 30 Minuten stehenlassen. Die Safranfäden in eine kleine Schüssel geben und mit kochendem Wasser bedecken. 5 Minuten ziehen lassen. Das Öl in einem schweren Topf erhitzen. Nelken, Kardamom und Zimt 1 Minute anbraten. Den Reis abtropfen lassen und das Wasser aufheben. Den Reis in den Topf füllen und 2 bis 3 Minuten braten, bis er glasig und hellbraun aussieht.

Das Wasser, Safran mit Wasser, Rosinen, Zucker und Salz einrühren. Zum Kochen bringen, die Hitze reduzieren und zudecken. 12 bis 15 Minuten köcheln lassen, bis die Flüssigkeit eingekocht und der Reis weich ist. Ein- oder zweimal umrühren. Mit Petersilie garnieren und heiß servieren.

Für 4 Personen

Hinweis: Die ganzen Gewürze sind nicht zum Verzehr gedacht.

GEBRATENER DUFTREIS

185 g Basmati Reis
3 EL Pflanzenöl
8 Nelken
4 schwarze Kardamomschoten, zerstoßen
1 Lorbeerblatt
7,5 cm Zimtstange
1 TL schwarze Pfefferkörner
1 TL Kreuzkümmelsamen
1 TL Korianderkörner
1 Zwiebel, in Ringen
1 kleiner Blumenkohl, in kleinen Röschen
Salz
Zwiebelringe und Lorbeerblätter zum Garnieren

Den Reis in ein Sieb füllen und unter kaltem Wasser gründlich waschen. In einer Schüssel mit 650 ml Wasser 30 Minuten einweichen. Das Öl in einem Topf erhitzen. Nelken, Kardamom, Lorbeer, Zimt, Pfefferkörner, Kümmel und Koriander hineingeben und 1 Minute braten. Die Zwiebel hinzufügen und 5 Minuten mitbraten. Den Reis abtropfen lassen und das Wasser auffangen.

Den Reis in den Topf geben und 2 bis 3 Minuten glasig und hellbraun werden lassen. Das Reiswasser und Blumenkohl einrühren, salzen. Zum Kochen bringen, die Temperatur reduzieren und zugedeckt 12-15 Minuten weichköcheln lassen. Die Flüssigkeit soll verkocht, Reis und Blumenkohl sollen weich sein. Mit Zwiebelringen und Lorbeer garnieren.

Für 4 Personen

Hinweis: Die ganzen Gewürze nicht essen.

PAPRIKA MIT LINSEN

125 g rote Spaltlinsen
50 ml Pflanzenöl
4 grüne oder rote Paprikaschoten
1 TL Kreuzkümmelsamen
2 Zwiebeln, fein gehackt
2 grüne Chilischoten, entkernt, gehackt
2,5 cm frische Ingwerwurzel, gerieben
3 TL Koriander, gemahlen
Salz und Pfeffer
2 EL frischer Koriander, gehackt
Korianderblätter zum Garnieren

Die Linsen waschen und 30 Minuten in kaltem Wasser einweichen.

Die Hälfte des Öls in einer Pfanne erhitzen. Paprika 2 bis 3 Minuten goldbraun anbraten. Auf Küchenkrepp abtropfen und abkühlen lassen. Das restliche Öl in der Pfanne erhitzen. Den Kümmel braten, bis er platzt. Zwiebeln und Chilis dazugeben und 8 Minuten weich und goldbraun werden lassen. Ingwer und gemahlenen Koriander einrühren. Abgetropfte Linsen und 300 ml Wasser dazugeben und umrühren.

Auf kleiner Flamme zugedeckt 15 bis 20 Minuten garen, bis die Flüssigkeit verkocht ist. Mit Salz, Pfeffer und frischem Koriander würzen. Den Backofen vorheizen (180°, Gas Stufe 4). Die Oberteile der Paprikaschoten abschneiden, Kerne entfernen. Die Schoten mit der Linsenmasse füllen und ‹Deckel› daraufsetzen. In eine feuerfeste Form stellen und 15 bis 20 Minuten garen. Mit Koriander garniert servieren.

Für 4 Personen

GEFÜLLTE OKRASCHOTEN

500 g kleine Okraschoten
6 TL Mangopulver
3 TL Koriander, gemahlen
2 TL Kreuzkümmel, gemahlen
$^1/_4$ TL Cayennepfeffer
1 TL Garam Masala, siehe Seite 11
Salz
2 EL Pflanzenöl
1 Zwiebel, in Scheiben
6 Tomaten, enthäutet
Zitronenscheiben zum Garnieren

Die Okraschoten waschen und mit Küchenkrepp trocknen.

Die Stiele wegschneiden. Die Schoten längs aufschlitzen (oben und unten 0,5 cm zulassen). Mangopulver, Koriander, Kümmel, Cayennepfeffer, Garam Masala und Salz vermengen. Die Okraschoten mit dem Daumen aufspreizen und etwas Gewürzmischung hineinstreuen. Beiseite legen.

Das Öl in einem großen Topf erhitzen. Die Zwiebel darin etwa 5 Minuten weichdünsten. Die Tomaten in Scheiben schneiden und entkernen. Die Tomaten in den Topf geben, umrühren und 2 Minuten erhitzen. Okraschoten dazugeben, zudecken und 10 bis 15 Minuten garen, bis die Schoten weich sind.

Für 4 Personen

Hinweis: Mangopulver, auch Amchoor Pulver genannt, erhält man in Asienläden.

DHALBÄLLCHEN MIT JOGHURT

125 g grüne Linsen
450 ml Joghurt
6 EL frischer Koriander, gehackt
¼ TL Chilipulver
4 EL frische Kokosraspeln
50 g frische Semmelbrösel
2 frische grüne Chilischoten, entkernt, gehackt
2,5 cm frische Ingwerwurzel, gerieben
1 Ei, geschlagen
Salz und Pfeffer
50 g Vollkornmehl
Pflanzenöl zum Fritieren
Korianderblätter zum Garnieren

Die Linsen in einem Sieb waschen.

Die Linsen aussortieren und in eine Schüssel geben. Mit kaltem Wasser bedecken und 2 Stunden einweichen. Joghurt mit 2 EL Koriander und Chilipulver verrühren. Zudecken und kühlen. Linsen abtropfen lassen, mit frischem Wasser bedecken und weichkochen (30 Minuten). Pürieren und in eine Schüssel füllen. 2 EL Kokosraspeln, Semmelbrösel, restlichen Koriander, Chilis, Ingwer und Ei einrühren. Salzen und pfeffern. 30 Minuten kühlen.

Mit feuchten Händen Kugeln aus der Mischung formen (2,5 cm ∅) und diese in Mehl rollen. Eine Pfanne (oder Friteuse) halb mit Öl füllen und auf 190° erhitzen (bis ein Brotwürfel vom Vortag in 40 Sekunden braun ist). Je sechs Bällchen 2-3 Minuten fritieren. Gut abtropfen lassen. Heiß mit der Sauce servieren, mit restlichem Kokos und Korianderblättern garnieren.

Für 4 Personen

KAROTTEN MIT DILL

500 g Karotten
1 EL Pflanzenöl
25 g Butter oder Ghee
¾ TL Kreuzkümmelsamen
1 Prise Asafoetida (Asant), gemahlen
1 cm frische Ingwerwurzel, fein gehackt
2 frische grüne Chilischoten, entkernt, in dünnen Scheiben
1 TL Koriander, gemahlen
¼ TL Kurkuma
4 EL gehackter, frischer Dill
Salz
Dillzweige zum Garnieren

Die Karotten in Stifte, 0,3 x 2,5 cm, schneiden und beiseite legen.

In einem schweren Topf Butter oder Ghee erhitzen und die Kümmelsamen etwa 30 Sekunden braten, bis sie zu platzen beginnen. Asafoetida, Ingwer, Chilis, Koriander und Kurkuma hinzufügen und 2 Minuten anbraten. Karotten und 6 EL Wasser einrühren.

Zugedeckt auf mittlerer Flamme etwa 5 Minuten garen, bis die Karotten gerade weich sind. Deckel abnehmen. Gehackten Dill in den Topf geben, die Karotten salzen und auf großer Flamme 2 Minuten kochen, damit die überschüssige Flüssigkeit verdampft. Garnieren und heiß servieren.

Für 4 Personen

Hinweis: Auch als gekühlter Salat zu empfehlen.

MISCHGEMÜSE-CURRY

3 EL Pflanzenöl
1 Zwiebel, in Scheiben
1 TL Kreuzkümmel, gemahlen
1 TL Chilipulver
2 TL Koriander, gemahlen
1 TL Kurkuma
250 g Kartoffeln, in Würfeln
175 g Blumenkohlröschen
125 g grüne Bohnen, in Stücken
175 g Karotten, in Würfeln
4 Tomaten, enthäutet und gehackt
300 ml heiße Gemüsebrühe
Zwiebelringe zum Garnieren

Das Öl in einem großen Topf erhitzen und die Zwiebeln etwa 5 Minuten darin dünsten, bis sie weich sind. Kümmel, Chili, Koriander und Kurkuma hinzugeben und 2 Minuten mitdünsten lassen. Gelegentlich umrühren. Kartoffeln, Blumenkohl, grüne Bohnen und Karotten hinzufügen und in den Gewürzen wenden.

Tomaten und Brühe dazugeben und zudekken. Zum Kochen bringen, dann die Hitze reduzieren und das Gericht 10 bis 12 Minuten köcheln lassen, bis das Gemüse gar ist. Garnieren und heiß servieren.

Für 4 Personen

Variante: Man kann auch eine ganz andere Gemüsemischung zusammenstellen. Es sollte nur eine Menge von 750 g ergeben.

GEWÜRZTE BRAUNE LINSEN

250 g ganze braune Linsen
300 ml Kokosmilch, siehe Seite 11
¼ TL Chilipulver
½ TL Kurkuma
2 EL Pflanzenöl
1 Zwiebel, fein gehackt
4 Curryblätter
½ Stengel Zitronengras
7,5 cm Zimtstange
Thymianzweige zum Garnieren

Die Linsen waschen, in eine Schüssel füllen und mit kaltem Wasser bedecken. Über Nacht einweichen.

Die Linsen abtropfen lassen und in einen großen Topf füllen. Kokosmilch, Chili und Kurkuma hinzufügen. Alles zum Kochen bringen, zudecken und etwa 30 Minuten köcheln lassen. Das Öl in einem anderen Topf erhitzen und Zwiebel, Curryblätter, Zitronengras und Zimt hineingeben. Unter Rühren etwa 8 Minuten braten, bis die Zwiebel weich und goldbraun ist.

In die Linsen einrühren und alles etwa 10 Minuten weiterköcheln lassen, bis die Flüssigkeit verkocht und die Linsen weich, aber nicht aufgeplatzt sind. Vor dem Servieren die ganzen Gewürze entfernen.

Für 4 Personen

Hinweis: Wenn Sie Zitronengras nicht bekommen, kann man auch etwas Thymian verwenden. In Asien- oder Arabienläden findet man Zitronengras.

KICHERERBSEN-CURRY

175 g getrocknete Kichererbsen
2 EL Pflanzenöl
1 kleine Zwiebel, fein gehackt
2,5 cm frische Ingwerwurzel, gerieben
2 Knoblauchzehen, zerdrückt
½ TL Kurkuma
1 TL Kreuzkümmel, gemahlen
1 TL Garam Masala, siehe Seite 11
½ TL Chilipulver
Salz
2 EL frischer Koriander, gehackt

Die Kichererbsen waschen. In eine Schüssel füllen, mit kaltem Wasser bedecken und über Nacht einweichen.

Die Kichererbsen abtropfen lassen. Mit 500 ml frischem, kaltem Wasser in einen Topf füllen und zum Kochen bringen. 10 Minuten kochen lassen, dann die Hitze reduzieren und die Erbsen etwa 1 Stunde, teilweise bedeckt, köcheln lassen. Das Öl in einem zweiten Topf erhitzen, die Zwiebel hineingeben und etwa 8 Minuten dünsten, bis sie weich und goldbraun ist.

Knoblauch, Ingwer, Kurkuma, Kümmel, Garam Masala und Chili dazugeben und 1 Minute erhitzen. Dann die Kichererbsen mit dem Kochwasser einrühren und alles mit Salz abschmecken. Zum Kochen bringen, zudecken und etwa 20 Minuten köcheln lassen, bis die Erbsen weich sind. Mit frischem Koriander bestreuen und servieren.

Für 4 Personen

MUNGBOHNENSPROSSEN-SALAT

175 g Mungbohnen
2 grüne Chilischoten, entkernt, gehackt
2,5 cm frische Ingwerwurzel, gerieben
25 g frische Kokosnuß, geraspelt
½ Gurke, in Würfeln
Saft einer Zitrone
Salz und Pfeffer
1 Mango
2 EL Pflanzenöl
½ TL Senfkörner
Korianderblätter und geriebene Zitronenschale zum Garnieren (nach Wunsch)

Die Bohnen waschen, in eine Schüssel geben und mit kaltem Wasser bedecken.

Die Bohnen 30 Minuten einweichen. Abtropfen lassen und in ein Keimgerät füllen (oder in ein feuchtes Geschirrtuch wickeln). 2 Tage ruhen lassen, aber alle 12 Stunden abspülen, bis die Bohnen keimen. Gut abspülen und abtropfen lassen. Die Bohnen in eine Schüssel füllen und Chilis, Ingwer, Kokos, Gurke und Zitronensaft einrühren. Salzen und pfeffern.

Die Mango schälen und entsteinen, das Fruchtfleisch in Würfel schneiden und in den Salat rühren. Das Öl in einem Töpfchen erhitzen und die Senfkörner 1 Minute erhitzen, bis sie platzen. Den Topfinhalt auf den Salat gießen und diesen mischen. Mindestens 30 Minuten kühlen.

Für 4 bis 6 Personen

Varianten: Für diesen Salat eignen sich auch Kichererbsen, Weizen, Alfalfa — alles natürlich gekeimt.

NADUGEMÜSE

125 g rote Spaltlinsen
½ TL Kurkuma
1 kleine Aubergine
50 ml Pflanzenöl
25 g Kokosraspeln
1 TL Kreuzkümmelsamen
½ TL Senfkörner
2 getrocknete rote Chilischoten, zerstoßen
1 rote Paprikaschote, entkernt, in Streifen
125 g Zucchini, in dicken Scheiben
100 g grüne Bohnen, in 2 cm langen Stücken
150 ml Gemüsebrühe
Salz
Rote Paprikastreifen zum Garnieren

Die Linsen waschen und in einen großen Topf geben. Kurkuma und 625 ml Wasser hinzufügen und zum Kochen bringen. Die Hitze reduzieren und die Linsen zugedeckt 15 bis 20 Minuten köcheln lassen, bis sie weich sind. Inzwischen die Aubergine in Würfel (1 cm) schneiden. Das Öl in einer großen Pfanne erhitzen und Kokosraspel, Kümmel, Senfkörner und Chilis einrühren.

1 Minute braten, dann Aubergine, Paprika, Zucchini, grüne Bohnen, Brühe und Salz hinzufügen. Zum Kochen bringen, dann zudekken und 10 bis 15 Minuten köcheln lassen, bis das Gemüse gerade weich ist. Linsen und Kochwasser einrühren und alles weitere 5 Minuten köcheln lassen. Mit Paprika garnieren und heiß servieren.

Für 4 Personen

SPINAT-BOHNEN-KLÖSSE

175 g gelbe, gespaltene Mungbohnen
50 g tiefgekühlter, gehackter Spinat, aufgetaut
2 EL frischer Koriander, gehackt
2 frische grüne Chilischoten, entkernt, gehackt
1 große Prise Backpulver
½ TL Salz
Pflanzenöl zum Fritieren
Chiliblüten zum Garnieren

Die Bohnen in einer Schüssel mit Wasser bedecken und 4 Stunden einweichen. Abtropfen lassen und kalt abspülen.

Die Bohnen in einen Mixer füllen (Metallklingen) und zu einer weichen, lockeren Masse verrühren. In eine Schüssel umfüllen. Den Spinat auspressen und zu den pürierten Bohnen geben. Koriander, Chilis, Backpulver und Salz einrühren.

Eine tiefe Pfanne oder Friteuse zur Hälfte mit Öl füllen und auf 190° (bis ein Brotwürfel vom Vortag in 40 Sekunden bräunt) erhitzen. 6 gehäufte TL der Mischung in das heiße Öl geben und 4 bis 5 Minuten fritieren, bis die Klöße goldbraun sind. Dann auf Küchenkrepp abtropfen lassen und warm halten, bis alle Klöße fertig sind. Mit Chiliblüten garnieren und heiß servieren.

Für 4 Personen

PILZCURRY

500 g frische Champignons
2 frische grüne Chilischoten, entkernt
2 TL Koriander, gemahlen
1 TL Kreuzkümmel, gemahlen
½ TL Chilipulver
2 Knoblauchzehen, zerdrückt
1 Zwiebel, in Schnitzen
150 ml Kokosmilch, siehe Seite 11
Salz
25 g Butter oder Ghee
Lorbeerblätter zum Garnieren

Die Pilze putzen und beiseite legen.

Chilis, Koriander, Kümmel, Chilipulver, Knoblauch, Zwiebel, Kokosmilch und Salz in einen Mixer füllen und zu einer glatten Mischung verrühren.

Die Butter in einem Topf erhitzen. Die Pilze darin 3 bis 4 Minuten braten, bis sie goldbraun sind. Die gewürzte Kokosmilch darübergießen und alles ohne Deckel etwa 10 Minuten köcheln lassen, bis die Pilze gar sind. Mit Lorbeer garnieren und servieren.

Für 4 Personen

PAPRIKA MIT BLUMENKOHL

50 ml Pflanzenöl
1 große Zwiebel, in Scheiben
2 Knoblauchzehen, zerdrückt
2 grüne Chilischoten, entkernt, gehackt
1 Blumenkohl, in Röschen zerteilt
½ TL Kurkuma
1 TL Garam Masala, siehe Seite 11
1 grüne Paprikaschote
1 rote Paprikaschote
1 gelbe oder orange Paprikaschote
Salz und Pfeffer
1 EL frischer, gehackter Koriander zum Garnieren

Das Öl in einem großen Topf erhitzen. Die Zwiebel darin auf mittlerer Hitze 8 Minuten anbraten, bis sie weich und goldbraun ist. Knoblauch, Chilis und Blumenkohl einrühren und 5 Minuten mitbraten. Kurkuma und Garam Masala einrühren und alles eine weitere Minute erhitzen.

Die Hitze reduzieren und 50 ml Wasser in den Topf gießen. Zudecken und 10 bis 15 Minuten garen, bis der Blumenkohl weich ist. Die Paprikaschoten längs durchschneiden, Stiel und Kerne entfernen und die Schoten in dünne Streifen schneiden. In den Topf geben und 3 bis 5 Minuten weichdünsten. Das Gericht salzen und pfeffern, mit Koriander garnieren und heiß servieren.

Für 4 Personen

GEFÜLLTE TOMATEN

8 Tomaten
2 EL Pflanzenöl
1 kleine Zwiebel, fein gehackt
1 Knoblauchzehe, zerdrückt
2,5 cm frische Ingwerwurzel, gerieben
1 TL Kreuzkümmel, gemahlen
½ TL Kurkuma
½ TL Cayennepfeffer
2 TL Koriander, gemahlen
Salz
125 g Frischkäse oder indischer Käse
25 g Cheddar, gerieben
1 EL frischer Koriander, gehackt

Den ‹Deckel› der Tomaten abschneiden und die Tomaten aushöhlen. Kerne wegwerfen, Fruchtfleisch hacken und aufheben. Die Tomaten umgedreht auf Küchenkrepp abtropfen lassen. Öl in einer kleinen Pfanne erhitzen und die Zwiebel weichdünsten (5 Minuten). Knoblauch und Ingwer einrühren. 1 Minute erhitzen. Kümmel, Kurkuma, Cayennepfeffer und gemahlenen Koriander hinzufügen. Salzen, pfeffern, umrühren und 1 Minute garen.

Das Tomatenfruchtfleisch einrühren und die Mischung etwa 5 Minuten kochen lassen, bis sie dick ist. Den Backofen vorheizen (190°, Gas Stufe 5). Den Frischkäse und die Hälfte des Cheddars in die Mischung rühren und die Tomaten füllen. Mit dem restlichen Cheddar bestreuen und auf ein Blech stellen. 10 bis 15 Minuten backen, bis die Tomaten weich und der Käse goldbraun ist.

Für 4 Personen

ZWIEBEL BHAJIS

100 g Kichererbsenmehl, gesiebt
1 EL Pflanzenöl und Öl zum Fritieren
1 TL Koriander, gemahlen
1 TL Kreuzkümmel, gemahlen
2 frische grüne Chilischoten, entkernt, fein gehackt
125 g ml warmes Wasser
Salz
2 Zwiebeln, in dünnen Scheiben
Kräuterzweige zum Garnieren

Das Mehl in einen Mixer mit Metallklingen füllen.

Öl, Koriander, Kümmel, Chilis und Wasser hinzufügen und salzen. Alles zu einem weichen, glatten Teig verrühren und diesen in eine Schüssel umfüllen. Zudecken und 30 Minuten an einem warmen Platz ruhen lassen. Die Zwiebeln einrühren.

Eine tiefe Pfanne (oder Friteuse) halb mit Öl füllen und dieses auf 190° (bis ein Brotwürfel vom Vortag in 40 Sekunden bräunt) erhitzen. Etwa 5 Portionen — die Menge von jeweils 2 EL — in das Fett geben und 5 bis 6 Minuten fritieren. Auf Küchenkrepp abtropfen lassen. Mit Kräutern garnieren und servieren.

Für 4 Personen

Hinweis: Das Öl darf nicht zu heiß werden. Die Bhajis müssen langsam gar werden.

PIKANTE OKRASCHOTEN

375 g Okraschoten
2 EL Pflanzenöl
2,5 cm frische Ingwerwurzel, gerieben
1 TL Kurkuma
½ TL Chilipulver
1 TL Kichererbsenmehl
Salz
300 ml Joghurt
2 EL frischer, gehackter Koriander zum Garnieren

Die Okraschoten waschen und mit Küchenkrepp trockenreiben. In dicke Scheiben schneiden.

Das Öl in einem Topf erhitzen und die Okrastücke etwa 4 Minuten darin dünsten. Immer wieder umrühren. Dann Ingwer, Kurkuma, Chilipulver und Mehl einrühren. Salzen und alles 1 Minute weitergaren.

3 EL Wasser einrühren, zudecken und 10 Minuten köcheln lassen, bis das Gemüse weich ist. Den Joghurt einrühren und heiß werden lassen. Mit Koriander bestreuen und servieren.

Für 4 Personen

Hinweis: Wählen Sie Okraschoten, die höchstens 10 cm lang sind. Größere Schoten sind zäh und faserig.

TROCKENES KARTOFFELCURRY

500 g speckige Kartoffeln
Salz
2 EL Pflanzenöl
1 TL Senfkörner
1 Zwiebel, in dünnen Scheiben
2 Knoblauchzehen, zerdrückt
2,5 cm frische Ingwerwurzel, gerieben
1 frische grüne Chilischote, entkernt, gehackt
1 TL Kurkuma
½ TL Cayennepfeffer
1 TL Kreuzkümmel, gemahlen
Grüne Paprikastreifchen zum Garnieren, nach Wunsch

Die Kartoffeln in 2 cm große Stücke schneiden.

Die Kartoffeln in sprudelndem Salzwasser 6-8 Minuten kochen, bis sie gerade weich sind. Abtropfen lassen und beiseite stellen. Das Öl in einem großen Topf erhitzen. Die Senfkörner darin 1 Minute braten, bis sie zu platzen beginnen. Die Zwiebel hineingeben und etwa 5 Minuten weichdünsten, aber nicht bräunen. Knoblauch und Ingwer einrühren und 1 Minute miterhitzen.

Kartoffeln, Chili, Kurkuma, Cayennepfeffer und Kümmel hinzufügen und alles gut vermischen. Zudecken und 3-5 Minuten garen. Gelegentlich umrühren, damit die Kartoffeln mit Gewürzen umhüllt sind. Mit Paprikastreifen garnieren und heiß servieren.

Für 4 Personen

FISCH IN DER FOLIE

4 Fischsteaks, je 175-250 g, zum Beispiel Lachs, Kabeljau oder Seebarsch
1-2 frische oder gefrorene Bananenblätter, nach Wunsch Salz und Pfeffer
50 g frische Kokosnuß, fein gerieben
50 g frische Minze, gehackt
4 Knoblauchzehen, zerdrückt
1 TL Kreuzkümmel, gemahlen
4 frische grüne Chilischoten, entkernt, gehackt
6 TL Zitronensaft
50 ml Apfelessig oder Cidreessig
1 EL Pflanzenöl
8 getrocknete Curryblätter, nach Wunsch
Minzeblätter und Zitronenscheiben zum Garnieren

Die Fischsteaks abreiben und jeweils in die Mitte eines Bananenblatts (30 x 30 cm) oder einer Alufolie legen. Mit Salz und Pfeffer bestreuen. Kokos, Minze, Knoblauch, Kümmel, Chilis und Zitronensaft verrühren. Ein Viertel der Mischung jeweils auf einem Fischsteak verteilen. Das Bananenblatt oder die Folie so zusammenklappen, daß der Fisch ganz umhüllt ist. Falls nötig, die Päckchen verschnüren.

Essig, Öl und 175 ml Wasser in einen großen Dämpftopf gießen, die Curryblätter hinzugeben und zum Kochen bringen. Die Päckchen 12 bis 15 Minuten dämpfen, bis der Fisch weich ist und sich mit einer Gabel leicht zerteilen läßt. Die Päckchen öffnen, mit Minze und Zitronenscheiben garnieren und servieren.

Für 4 Personen

SCHARFE MUSCHELN MIT KÜMMEL

1,5 kg Muscheln
2 EL Pflanzenöl
1 große Zwiebel, fein gehackt
2,5 cm frische Ingwerwurzel, gerieben
6 Knoblauchzehen, zerdrückt
2 frische grüne Chilischoten, entkernt, fein gehackt
½ TL Kurkuma
2 TL Kreuzkümmel, gemahlen
100 g frische Kokosnuß, geraspelt
2 EL frischer Koriander, gehackt
Korianderzweige zum Garnieren

Die Muscheln gründlich schrubben und das Wasser mehrmals wechseln.

Gesprungene Muscheln und solche, die sich nicht schließen, wenn man sie berührt, wegwerfen. Die Muscheln beiseitestellen. Das Öl in einem großen Topf erhitzen und die Zwiebel hineingeben. Unter Rühren 5 Minuten dünsten, bis sie weich ist. Dann Ingwer, Knoblauch, Chilis, Kurkuma und Kümmel hinzufügen und alles 2 Minuten unter Rühren andünsten.

Muscheln, Kokos und 250 ml Wasser hinzugeben und alles zum Kochen bringen. Zudekken und auf großer Flamme etwa 5 Minuten kochen lassen, bis alle Muscheln geöffnet sind. Den Topf immer wieder schütteln. Geschlossene Muscheln wegwerfen. Die Muscheln in eine Servierschüssel umfüllen und mit dem Sud übergießen. Mit gehacktem Koriander bestreuen. Garnieren und sofort servieren.

Für 4 Personen

KORIANDER-CHILI-FISCH

875 g Weißfischfilets, z. B. Seezunge, Seeteufel oder Scholle
4 TL Zitronensaft
Salz und Pfeffer
100 g frische Korianderblätter
4 frische grüne Chilis, entkernt, gehackt
3 Knoblauchzehen, zerdrückt
250 g Joghurt
Pflanzenöl zum Fritieren
Zitronenschnitze und Korianderblätter zum Garnieren

Den Fisch von Haut und Gräten befreien und in Streifen, 2,5 x 7,5 cm, schneiden.

Die Streifen in eine flache Schüssel (kein Metall) legen und mit Zitronensaft beträufeln, salzen und pfeffern. An einen kühlen Platz stellen. Koriander, Chilis, Knoblauch und 1 bis 2 EL Wasser in einen Mixer füllen und zu einer weichen Mischung verrühren. Die Paste gut ausdrücken und in eine flache Schüssel füllen. Den Joghurt einrühren.

Das Öl in einer tiefen Pfanne oder einer Friteuse auf 180° erhitzen (bis ein Brotwürfel vom Vortag in 35 Sekunden bräunt). Den Fisch abtropfen lassen und abtupfen. Die Streifen in die Joghurtmischung tauchen und in kleinen Portionen 2 bis 3 Minuten ausbacken. Auf Küchenkrepp abtropfen lassen, dann garnieren und heiß servieren.

Für 4 Personen

SEEZUNGE MIT DILLFÜLLUNG

4 Seezungenfilets, je 185 g, enthäutet
3 TL Zitronensaft
Salz und Pfeffer
2 EL Pflanzenöl
1 Knoblauchzehe, zerdrückt
2,5 cm frische Ingwerwurzel, gerieben
¼ TL Cayennepfeffer
¼ TL Kurkuma
4 Frühlingszwiebeln, fein gehackt
8 EL frischer Dill, fein gehackt
Dillzweige zum Garnieren

Die Filets waschen und mit Küchenkrepp abtupfen.

Die Filets mit der enthäuteten Seite nach oben auf ein Brett legen, mit Zitronensaft beträufeln, salzen und pfeffern. Beiseite legen. Den Backofen auf 180° (Gas Stufe 4) vorheizen. 1½ EL Öl in einer Pfanne erhitzen. Knoblauch, Ingwer, Cayennepfeffer, Kurkuma und Frühlingszwiebeln hineingeben und auf kleiner Flamme etwa 3 Minuten garen, bis die Zwiebeln weich und goldbraun sind. Gelegentlich umrühren. Vom Herd nehmen und den Dill einrühren.

Die Füllung auf die Filets verteilen und gleichmäßig auf der enthäuteten Seite verstreichen. Die Filets vom dickeren Ende her zusammenrollen. Eine flache, feuerfeste Form einfetten und die Röllchen — offene Kante nach unten — hineinlegen. 50 ml Wasser dazugießen, mit Folie verschließen und 15 bis 20 Minuten dünsten, bis der Fisch gar ist. Heiß servieren. Den Sud als Sauce reichen.

Für 4 Personen

BACKFISCH MIT KNOBLAUCH

750 g Fischfilet, z. B. Seezunge, Scholle, Kabeljau und Seeteufel
1 TL Kreuzkümmel, gemahlen
½ TL Koriander, gemahlen
1 EL Anissamen, gemahlen
½ TL Chilipulver
3 Knoblauchzehen, zerdrückt
3 TL Zitronensaft
Salz
Pflanzenöl zum Fritieren
Salatblätter und Zitronenscheiben zum Garnieren

Die Fischfilets von Haut und Gräten befreien, dann waschen und trockentupfen. In große Stücke schneiden.

Kümmel, Knoblauch, Zitronensaft, Chilipulver und Salz zu einer glatten Paste verrühren. Den Fisch damit bestreichen und an einem kühlen Platz 1 Stunde marinieren.

Eine tiefe Pfanne oder eine Friteuse zur Hälfte mit Öl füllen. Das Öl auf 180° erhitzen (bis ein Brotwürfel vom Vortag in 35 Sekunden bräunt). Den Fisch in kleinen Portionen je 2 bis 3 Minuten fritieren, bis die Stücke goldbraun sind. Auf Küchenkrepp abtropfen lassen. Mit Salat und Zitrone garnieren und heiß servieren.

Für 4 Personen

GARNELENFRIKADELLEN

375 g Weißfischfilets, z. B. Seezunge, Scholle, Kabeljau oder Merlan
185 g geschälte, gekochte Garnelen, gehackt
4 Frühlingszwiebeln, gehackt
2,5 cm frische Ingwerwurzel, gerieben
2 EL frischer Koriander, gehackt
1 EL frische Minze, gehackt
125 g frische Semmelbrösel
Salz und Cayennepfeffer
1 Eidotter, geschlagen
6 TL Zitronensaft
100 g Kichererbsenmehl
3 TL Koriander, gemahlen
50 ml Pflanzenöl zum Braten
Minzezweige und Zitronenscheiben zum Garnieren

Den Fisch von Haut und Gräten befreien, waschen und trockentupfen. Kleinhacken und in eine Schüssel füllen. Garnelen, Zwiebeln, Ingwer, frischen Koriander, Minze, 50 g Semmelbrösel, Salz und Pfeffer einrühren. Eidotter und Zitronensaft dazugeben und alles gut vermengen. Die Masse in 16 Portionen teilen und zu 1 cm dicken Fladen formen. Diese in den restlichen Semmelbröseln wenden.

Mehl und gemahlenen Koriander in eine kleine Schüssel füllen, mit Salz und Cayennepfeffer würzen. 125 ml Wasser dazugießen und alles zu einem glatten Teig verrühren. Öl in einer Pfanne erhitzen. Die Fischfladen in den Teig tauchen und von beiden Seiten 2 bis 3 Minuten ausbacken. Auf Küchenkrepp abtropfen lassen, garnieren und heiß servieren.

Für 4 Personen

FISCH IN SCHARFER SAUCE

4 ganze Fische, je 250 g, z. B. Makrele, Forelle, Barbe, geputzt
4 Dillzweige
4 Limonenscheiben
50 ml Pflanzenöl
4 Frühlingszwiebeln, in Scheiben
1 cm frische Ingwerwurzel, gerieben
1 Knoblauchzehe, zerdrückt
1 TL Senfkörner
¼ TL Cayennepfeffer
3 TL Tamarindenpaste
6 TL Tomatenmark
Dillzweige und Limonenscheiben zum Garnieren

Die Fische waschen und trockentupfen. Auf beiden Seiten zwei bis dreimal einschneiden. Die Fische mit je einem Dillzweig und einer Limonenscheibe füllen und beiseite legen. 2 EL Öl in einem kleinen Topf erhitzen und die Zwiebeln darin 2 bis 3 Minuten unter Rühren weichdünsten. Ingwer, Knoblauch und Senfkörner dazugeben und alles etwa 1 Minute erhitzen, bis die Senfkörner platzen.

Cayennepfeffer, Tamarindenpaste, Tomatenmark und 100 ml Wasser einrühren. Zum Kochen bringen und 5 Minuten köcheln lassen, bis die Sauce dicker wird. Inzwischen den Grill aufheizen. Die Fische auf den Grillrost legen, mit dem restlichen Öl bestreichen und von beiden Seiten je 5 Minuten grillen. Gelegentlich mit Öl bestreichen. Garnieren und heiß mit der Sauce servieren.

Für 4 Personen

GEDÄMPFTER FISCH AUF GEMÜSE

4 ganze Rotbarben, je 250 g, geputzt (oder ein anderer Seefisch)
4 TL Garam Masala, siehe Seite 11
½ TL Kurkuma
2 EL frischer Koriander, gehackt
1 EL frische Petersilie, gehackt
2,5 cm frische Ingwerwurzel, gerieben
4 Zitronenscheiben
2 EL Pflanzenöl
8 neue Kartoffeln, in Scheiben
3 Karotten, in Scheiben
4 Zucchini, in Scheiben
Salz und Pfeffer
Korianderblätter zum Garnieren

Die Fische waschen und trockentupfen. Auf beiden Seiten mehrmals einschneiden. Garam Masala, Kurkuma, Koriander, Petersilie und Ingwer mischen und die Fische damit einreiben. Eine Zitronenscheibe in jeden Fisch schieben. Beiseite legen. Öl in einer Pfanne erhitzen, Kartoffeln und Karotten hineingeben und unter Rühren etwa 5 Minuten bräunen.

Die Zucchini hinzugeben und 1 Minute mitdünsten lassen. Salzen und pfeffern. Das Gemüse mit einem Löffel in einen Dämpftopf umfüllen, die Fische darauflegen und zudekken. 20 bis 25 Minuten dämpfen, bis die Fische ganz weich sind. Mit Koriander garnieren und servieren.

Für 4 Personen

GARNELEN UND SENFKÖRNER

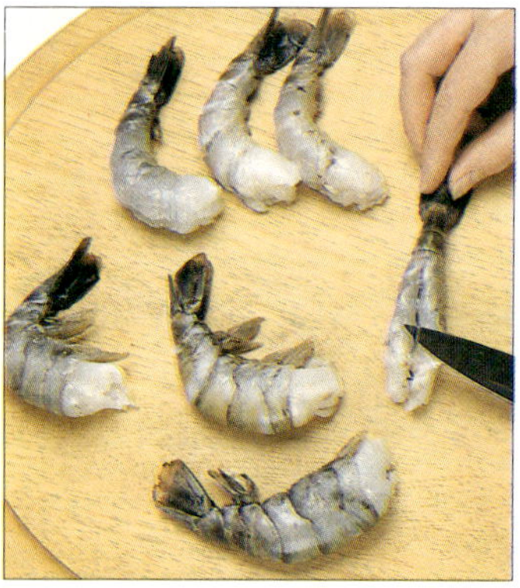

500 g rohe Riesengarnelen (King Prawns)
3 TL schwarze und gelbe Senfkörner, gemischt
½ TL Kurkuma
½ TL Cayennepfeffer
Salz
25 g Butter oder Ghee, geschmolzen
Orangen- oder Limonenschale in Streifchen zum Garnieren

Die Garnelen schälen (bis auf den Schwanzpanzer), einen kleinen Einschnitt entlang des Rückgrats machen und den Darm entfernen. Je zwei oder drei Garnelen auf ein kurzes Holzspießchen stecken und beiseite legen.

1 TL Senfkörner aufheben, die restlichen im Mörser oder einer Mühle zerkleinern. In eine kleine Schüssel füllen und mit Kurkuma, Cayennepfeffer und etwas Salz vermengen. 100 ml Wasser hinzufügen und alles gut verrühren. Die Garnelen hineinlegen und in der Marinade wenden. An einem kühlen Platz 30 Minuten ziehen lassen.

Den Grill anheizen. Die Spieße auf den Rost legen, mit Butter bestreichen und mit den restlichen Senfkörnern bestreuen. 3 bis 5 Minuten grillen, die Spieße einmal wenden und gelegentlich mit Marinade bestreichen. Wenn die Garnelen gar sind, die Spieße garnieren und heiß servieren.

Für 4 Personen

MADRAS-CURRYKRABBEN

4 mittelgroße, gekochte Krabben
3 EL Pflanzenöl
1 Zwiebel, fein gehackt
3 Knoblauchzehen, in dünnen Scheiben
2,5 cm frische Ingwerwurzel, gerieben
1 Fleischtomate, enthäutet, gehackt
3 frische grüne Chilischoten, entkernt, gehackt
2 EL Kokosraspeln, geröstet
1 Portion Mandel Masala, siehe Seite 10
250 ml Kokosmilch, siehe Seite 11

Die großen Zangen der Krabben entfernen und aufknacken, damit sie einfacher zu essen sind. Die kleinen Zangen abdrehen.

Das Fleisch aus dem Hauptpanzer herausziehen, die fingerförmigen Kiemen entfernen und wegwerfen. Den Körper mit einem scharfen Messer durchteilen und das weiße Fleisch mit einem Spieß herauslösen. Den grauweißen Magen hinter dem Kopf entfernen, ebenso alle verfärbten Teile. Das weiche, braune Fleisch aus dem Panzer kratzen und mit dem weißen mischen. Die Unterseite des Panzers mit einem Gewicht entlang der dunklen Linie brechen. Den Panzer auswaschen.

Das Öl in einer großen Pfanne erhitzen, die Zwiebeln darin etwa 8 Minuten unter Rühren goldbraun werden lassen. Knoblauch und Ingwer dazugeben und 1 Minute mitbraten. Tomate, Chilis, Kokosraspeln, Mandel Masala, Kokosmilch und das Krabbenfleisch einrühren. Die Zangen dazulegen und alles zugedeckt 6 bis 8 Minuten köcheln lassen. Die Mischung in die Panzer füllen.

Für 4 Personen

GARNELEN-FISCH-CURRY

500 g Weißfischfilets, z. B. Seezunge, Kabeljau, Merlan oder Seeteufel, enthäutet
125 g geschälte, gekochte Garnelen
100 g Semmelbrösel
2 Eier, getrennt geschlagen
2 EL frischer Koriander, gehackt
2 TL Zitronensaft
Salz und Pfeffer
2 EL Pflanzenöl und Öl zum Braten
1 große Zwiebel, fein gehackt
2 frische grüne Chilischoten, entkernt, gehackt
4 Knoblauchzehen, zerdrückt
½ TL Kurkuma
150 ml Kokosmilch, siehe Seite 11
440 g gehackte Tomaten aus der Dose

Die Fische waschen und alle Gräten entfernen. Fisch und Garnelen kleinhacken. In eine große Schüssel geben und 50 g Semmelbrösel, 1 Ei, Koriander, Zitronensaft und Salz und Pfeffer einrühren. Gut mischen und 24 Kugeln formen. Diese erst im restlichen Ei, dann in den Semmelbröseln rollen. 30 Minuten kühlen. Inzwischen 2 EL Öl in einer schweren Pfanne erhitzen und die Zwiebel darin 5 Minuten unter Rühren weichdünsten.

Chilis, Knoblauch und Kurkuma hinzufügen und 2 Minuten erhitzen. Kokosmilch und Tomaten einrühren und die Mischung offen etwa 20 Minuten kochen lassen, bis sie dick wird. Eine tiefe Pfanne zur Hälfte mit Öl füllen. Das Öl auf 190° erhitzen (bis ein Brotwürfel vom Vortag in 40 Sekunden bräunt). Die Fischbällchen 3 bis 5 Minuten fritieren, bis sie goldgelb sind. Abtropfen lassen und mit der Sauce servieren.

Für 4 Personen

SAFRAN-FISCH-CURRY

750 g Weißfischfilets, z. B. Seezunge, Scholle, Merlan oder Kabeljau
1 Prise Safranfäden
2 EL kochendes Wasser
3 EL Pflanzenöl
2 Zwiebeln, gehackt
3 Knoblauchzehen, zerdrückt
2,5 cm frische Ingwerwurzel, gerieben
1 TL Kurkuma
3 TL Koriander, gemahlen
2 TL Garam Masala, siehe Seite 11
Salz und Cayennepfeffer
2 TL Kichererbsenmehl
250 ml Joghurt
50 ml Crème doûble
Zitronenschale und rote Paprika zum Garnieren

Den Fisch waschen und von Haut und Gräten befreien. Mit Küchenkrepp trockentupfen. In große Stücke schneiden und beiseite stellen. Safran und Wasser in eine kleine Schüssel geben und etwa 5 Minuten stehenlassen. Das Öl in einer großen, flachen Pfanne erhitzen und die Zwiebeln darin unter Rühren weich werden lassen, aber nicht bräunen.

Knoblauch, Ingwer, Kurkuma, Koriander, Garam Masala, Salz und Pfeffer hinzufügen und alles 1 Minute erhitzen. Das Mehl einrühren, 1 Minute anschwitzen und die Pfanne vom Herd nehmen. Joghurt und Crème einrühren, die Pfanne wieder auf den Herd stellen und die Mischung vorsichtig zum Kochen bringen. Fisch, Safran und Wasser dazugeben und zudecken. 10 bis 15 Minuten köcheln lassen, bis der Fisch weich ist.

Für 4 Personen

KORIANDER-FISCH-KEBABS

750 g Seeteufelfilets
150 ml Joghurt
3 Knoblauchzehen, zerdrückt
2 TL Garam Masala, siehe Seite 11
3 TL Koriander, gemahlen
Salz und Pfeffer
1 grüne Chilischote, entkernt, in dünnen Ringen
1 Frühlingszwiebel, in dünnen Scheiben
¼ Limone, in dünnen Scheiben

Gräten entfernen, den Fisch waschen und trockentupfen. In 2,5 cm große Würfel schneiden und auf Spieße stecken.

Joghurt, Knoblauch, Garam Masala, Koriander und etwas Salz und Pfeffer verrühren. Die Spieße in eine Schüssel (kein Metall) legen und mit der Joghurtmarinade übergießen. Zudekken und an einem kühlen Platz 2 bis 3 Stunden ziehen lassen, damit der Fisch das Aroma aufnehmen kann.

Den Grill anheizen. Die Spieße auf den Rost legen und 3 bis 4 Minuten grillen, dann wenden. Chili, Zwiebel und Limonen darauf verteilen und mit der restlichen Marinade bestreichen. Die Spieße weitere 3 bis 4 Minuten grillen. Heiß servieren.

Für 4 Personen

Hinweis: Andere Fischarten wie Seezunge oder Scholle sind auch geeignet.

KING PRAWN-KEBABS

12 rohe Riesengarnelen (King Prawns)
2 EL Pflanzenöl
6 TL Limonensaft
2 Knoblauchzehen, zerdrückt
½ TL Paprikapulver
½ TL Kurkuma
2 frische grüne Chilischoten, entkernt, fein gehackt
1 EL frischer Koriander, gehackt
Limonenscheiben zum Garnieren

Die Garnelen schälen, den Schwanzpanzer aber intakt lassen. Einen Einschnitt entlang des Rückgrats machen und den Darm entfernen. Die Garnelen auf Spieße stecken.

Öl, Limonensaft, Knoblauch, Paprika und Kurkuma mit dem Schneebesen verrühren. Die Chilis einrühren. Die Spieße in eine flache Schüssel (kein Metall) legen und mit der Marinade begießen. Zudecken und an einem kühlen Platz 30 Minuten ziehen lassen. Gelegentlich die Garnelen mit der Marinade bestreichen.

Den Grill anheizen. Die Garnelenspieße abtropfen lassen und auf den Grillrost legen. 3 bis 5 Minuten grillen. Gelegentlich wenden und mit Marinade bestreichen, bis die Garnelen gar sind. Mit frischem Koriander bestreuen, mit Limonenscheiben garnieren und heiß servieren.

Für 4 Personen

KABELJAU MIT KOKOS

4 Kabeljaufilets, je 185-250 g
Salz und Pfeffer
2 EL Pflanzenöl
1 Zwiebel, gehackt
125 g Kokosraspeln
5 cm frische Ingwerwurzel, gerieben
2 Knoblauchzehen, zerdrückt
2 grüne Chilischoten, entkernt, gehackt
½ TL Chilipulver
Geriebene Schale und Saft einer Zitrone
2 EL frischer Koriander, gehackt
2 Tomaten, enthäutet, entkernt, in Würfeln
Oreganoblätter zum Garnieren

Die Fischfilets waschen und trockentupfen. In eine eingefettete, feuerfeste Form legen und mit Salz und Pfeffer bestreuen. Das Öl in einer Pfanne erhitzen, die Zwiebel darin unter Rühren etwa 5 Minuten dünsten, bis sie weich ist. Kokosraspeln, Ingwer, Knoblauch, Chilis und Chilipulver einrühren und unter Rühren 3 bis 5 Minuten erhitzen, bis die Mischung goldbraun ist.

Zitronenschale und -saft einrühren, zudecken und etwa 10 Minuten köcheln lassen, damit die Kokosraspeln weich werden. Den Backofen vorheizen (160°, Gas Stufe 3). Koriander und Tomaten in die Kokosmischung rühren und diese über den Fisch verteilen. Den Fisch 20 bis 25 Minuten backen, bis er gar ist. Garnieren und heiß servieren.

Für 4 Personen

Hinweis: Mit Alufolie bedecken, falls die Kokosraspeln beim Backen braun werden.

GEGRILLTER GEWÜRZFISCH

4 ganze Schollen oder Flundern, je 250 g, enthäutet
Salz und Pfeffer
150 ml Joghurt
2 Knoblauchzehen, zerdrückt
2 TL Garam Masala, siehe Seite 11
1 TL Koriander, gemahlen
½ TL Chilipulver
3 TL Zitronensaft
Zitronenschnitze und Petersilienzweige zum Garnieren

Den Fisch waschen und trockentupfen. In eine flache Form (kein Metall) legen, mit Salz und Pfeffer würzen.

Joghurt, Knoblauch, Garam Masala, Koriander, Chilipulver und Zitronensaft verrühren und über den Fisch verteilen. Zudecken und 2 bis 3 Stunden an einem kühlen Platz ziehen lassen, damit der Fisch das Aroma aufnehmen kann.

Den Grill anheizen. Den Fisch auf den Grillrost legen und etwa 8 Minuten grillen. Nach der halben Zeit wenden und mit dem Bratensaft bestreichen. Den Fisch garnieren und heiß servieren.

Für 4 Personen

Hinweis: Man kann auch Fischfilets verwenden. Die Grillzeit ist dann 2 Minuten kürzer.

KAROTTENHALVA

625 g Karotten, grob geraspelt
750 ml Milch
8 grüne Kardamomschoten, zerstoßen
50 ml Pflanzenöl
50 ml Zucker
25 g Sultaninen
50 g Pistazienkerne, grob gehackt
250 ml Joghurt zum Servieren

Karotten, Milch und Kardamomschoten in einen Topf füllen und auf großer Flamme zum Kochen bringen.

Die Hitze auf mittlere Stufe reduzieren. Die Karottenmischung offen etwa 50 Minuten kochen lassen, bis die ganze Flüssigkeit verkocht ist. Gelegentlich umrühren. Das Öl in einer großen Pfanne erhitzen. Die Karottenmischung hineingeben und unter Rühren 10 bis 15 Minuten braten, bis sie dunkelrot aussieht.

Zucker, Sultaninen und die Hälfte der Pistazien einrühren. 1 bis 2 Minuten erhitzen. Mit den restlichen Pistazien bestreuen und den Joghurt darauf verteilen.

Für 6 bis 8 Personen

PISTAZIENHALVA

175 g Pistazienkerne
250 ml kochendes Wasser
2 EL Milch
125 g Zucker
25 g Butter oder Ghee
Ein paar Tropfen Vanilleessenz

Die Pistazienkerne in eine Schüssel geben und mit kochendem Wasser übergießen. 30 Minuten weichen lassen. Eine quadratische Backform (18 cm) einfetten.

Die Pistazienkerne abtropfen lassen und in einen Mixer füllen. Die Milch dazugießen und die Kerne fein zerhacken. Zucker einrühren. Eine große, beschichtete Pfanne erhitzen und Butter oder Ghee darin auf kleiner Flamme schmelzen. Die Pistazienpaste hineingeben und unter Rühren etwa 15 Minuten erhitzen. Die Mischung soll zäh werden.

Vanilleessenz einrühren. Die Masse dann in die vorbereitete Form füllen und glattstreichen. Ganz auskühlen lassen. Mit einem scharfen Messer in 20 Quadrate schneiden.

Ergibt 20 Stücke

Hinweis: Diese Süßspeise hält sich im Kühlschrank bis zu drei Wochen.

SÜSSE BÄLLCHEN MIT SIRUP

500 g Zucker
5 grüne Kardamomschoten, zerstoßen
1 TL Rosenwasser
1 Prise Safranfäden
125 g Mehl
3 TL Backpulver
175 g Magermilchpulver
15 g Butter, geschmolzen
150 ml Joghurt
Etwa 125 ml Milch
50 g Rosinen
Pflanzenöl zum Braten
Rosenblätter zum Verzieren

Zucker und 500 ml Wasser in einen schweren Topf füllen und langsam erhitzen, bis der Zukker aufgelöst ist. Gelegentlich umrühren. Zum Kochen bringen, dann kochen lassen, bis die Flüssigkeit dick wird (etwa 5 Minuten). Kardamom, Rosenwasser und Safran einrühren und warmstellen. Inzwischen Mehl und Backpulver in eine Schüssel sieben und das Milchpulver einrühren. Mit Butter, Joghurt und Milch zu einem weichen Teig verrühren.

Mit bemehlten Händen den Teig in 24 Portionen teilen. In jede eine Vertiefung drücken und 2 oder 3 Rosinen hineingeben. Die Rosinen mit Teig bedecken und den Teig zu Kugeln formen. Eine Pfanne oder Friteuse halb mit Öl füllen. Das Öl auf 190° erhitzen. Je 4 oder 5 Kugeln gleichzeitig 3 bis 5 Minuten fritieren, bis sie goldbraun sind. Abtropfen lassen und in den Sirup legen.

Für 4 bis 6 Personen

KARDAMOM-NUSS-EIS

2 l Milch
12 grüne Kardamomschoten, zerstoßen
100 g Zucker
50 g gehackte, blanchierte Mandeln, geröstet
50 g gehackte Pistazienkerne
Minzezweige zum Garnieren

Milch und Kardamomschoten in einem Topf zum Kochen bringen. Die Hitze reduzieren und die Milch offen etwa 30 Minuten köcheln lassen, bis sie um etwa zwei Drittel reduziert ist. Häufig umrühren. Die Kardamomschoten entfernen.

Zucker, Mandeln und die Hälfte der Pistazien einrühren und die Milch weitere 5 Minuten köcheln lassen. Abkühlen lassen. Die Milch in einen Plastikbehälter füllen und 2 bis 3 Stunden gefrieren lassen. Wenn die Ränder fest sind, die Milch in einen Mixer füllen und zu einer glatten Creme verrühren. Wieder in den Behälter füllen, zudecken und 1 Stunde einfrieren. Inzwischen 6 einzelne Formen (185 ml) in die Gefriertruhe stellen.

Die halbgefrorene Mischung in die Formen drücken, zudecken und 2 bis 3 Stunden in der Gefriertruhe hart werden lassen. Zum Servieren die Formen kurz in heißes Wasser tauchen und stürzen. Das Eis mit Pistazien bestreuen und mit Minze servieren.

Für 6 Personen

Hinweis: Man kann die Milch auch mit einem elektrischen Handrührer verarbeiten.

SAFRANJOGHURT

625 ml Joghurt
1 Prise Safranfäden
6 TL kochendes Wasser
Samen aus 6 Kardamomschoten
9 TL Zucker
Zitronenschale und Kardamomsamen zum Garnieren

Den Joghurt in ein Nylonsieb gießen, das mit einem Musselintuch ausgelegt ist. Den Joghurt über Nacht im Kühlschrank abtropfen lassen.

Safran und Wasser in eine kleine Schüssel geben und 30 Minuten stehenlassen. Den abgetropften Joghurt in eine Schüssel stürzen und die Safranflüssigkeit einrühren.

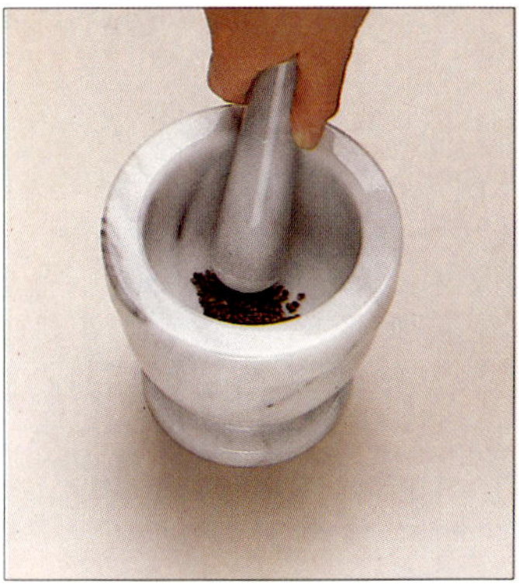

Die Kardamomsamen in einem Mörser leicht zerstoßen. In den Joghurt einrühren und den Zucker hinzufügen. Umrühren und gut gekühlt servieren. Mit Zitronenschale und Kardamomsamen verzieren.

Für 4 bis 6 Personen

ROSENWASSER-PUDDING

3 TL Gelatinepulver
625 ml Milch
9 TL Zucker
2 TL Rosenwasser
Ein paar Tropfen rote Speisefarbe
Rosa Rosenblätter zum Verzieren

9 TL Wasser in eine Schüssel füllen und die Gelatine daraufstreuen. 2 bis 3 Minuten weichen lassen. In einem Topf die Milch fast zum Kochen bringen, dann die Gelatine dazugeben und rühren, bis sie ganz aufgelöst ist. Zukker und Rosenwasser einrühren.

Die Hälfte der Mischung in eine Schüssel gießen und mit der Speisefarbe rosa färben. Mit dem Schneebesen schlagen, bis die Masse kühl und schaumig ist. Vier Formen (185 ml) ausspülen und die rosa Mischung hineingeben. 30 Minuten kühlen, bis die Oberfläche gerade fest ist. Die restliche Mischung inzwischen warmhalten, damit sie flüssig bleibt. Schaumig schlagen und auf die rosa Mischung geben.

Kühlen, bis der Pudding fest ist. Die Formen 1 bis 2 Sekunden in heißes Wasser tauchen und auf Teller stürzen. Kalt servieren.

Für 4 Personen

Hinweis: Die Teller vor dem Stürzen mit kaltem Wasser abspülen. Dann kann man den Pudding auf die richtige Position verschieben, falls nötig.

SAFRANREIS-PUDDING

185 g Basmati Reis
75 ml Milch
1 Prise Safranfäden
25 g Butter
2 grüne Kardamomschoten, zerstoßen
2,5 cm Zimtstange
2 Nelken
100 g Sultaninen
50 g Zucker
50 g Mandelblättchen, geröstet

Den Reis waschen und in einen großen Topf geben. 625 ml kaltes Wasser dazugießen.

Zum Kochen bringen, die Hitze reduzieren, zudecken und 5 Minuten köcheln lassen. Abtropfen lassen. 6 TL Milch in eine kleine Schüssel abmessen, die Safranfäden hineingeben und 5 Minuten ziehen lassen. Die Butter in einer schweren Pfanne erhitzen, Reis, Kardamomschoten, Zimt und Nelken hineingeben und 2 bis 3 Minuten braten, bis der Reis glasig aussieht.

Milch, Safranmilch, Sultaninen und Zucker einstreuen und alles zum Kochen bringen. Zudecken und 6 bis 8 Minuten köcheln lassen, bis der Reis weich und die Flüssigkeit eingekocht ist. Die ganzen Gewürze entfernen. Den Reispudding mit Mandeln bestreuen und heiß servieren.

Für 4 Personen

KOKOSPFANNKUCHEN

125 g Mehl
1 Prise Salz
1 Ei, geschlagen
Etwa 300 ml Milch
50 g Demerara Zucker
225 g frische Kokosnuß, geraspelt
1 cm frische Ingwerwurzel, gerieben
6 Anissamen, zerstoßen
Joghurt zum Servieren

Mehl und Salz in eine Schüssel sieben. Das Ei und die Hälfte der Milch einrühren. Einen glatten, dicken Teig schlagen.

Den Teig 30 Minuten an einen kühlen Platz stellen, dann soviel Milch einrühren, daß er dünnflüssig wie Rahm wird. Eine Pfanne (15 cm ∅) erhitzen, mit Öl bestreichen und 2 bis 3 EL Teig hineingeben. Die Pfanne schwenken, bis der Boden von Teig bedeckt ist. Den Pfannkuchen auf mittlerer Flamme 1 bis 2 Minuten goldbraun backen, dann wenden und die andere Seite etwa 30 Sekunden backen.

Den Pfannkuchen auf einen Teller stürzen und weitere 7 Pfannkuchen backen. Auf dem Teller stapeln. In einem kleinen Gefäß Zucker, 175 g Kokosraspeln, Ingwer und Anis vermengen. Auf jeden Pfannkuchen einen Löffel davon geben und die Pfannkuchen zu Vierteln zusammenklappen. Zudecken und 30 Minuten kühlen. Mit den restlichen Kokosraspeln bestreuen. Joghurt dazu reichen.

Für 4 Personen

GOLDENER GRIESSPUDDING

125 g Zucker
50 g Butter oder Ghee
125 g Grieß
Samen aus 3 Kardamomschoten
25 g Rosinen
50 g Mandelblättchen, geröstet

Den Zucker und 150 ml Wasser in einen Topf geben. Auf kleiner Flamme unter Rühren erhitzen, bis der Zucker aufgelöst ist. Zum Kochen bringen, 1 Minute kochen lassen, den Topf dann vom Herd nehmen und beiseite stellen.

Butter oder Ghee in einer großen Pfanne erhitzen. Den Grieß hineingeben und 8 bis 10 Minuten auf mittlerer Flamme rühren, bis der Grieß goldbraun ist.

Vom Herd nehmen und etwas abkühlen lassen. Dann Zuckersirup und Kardamom einrühren. Auf kleiner Flamme 3 bis 5 Minuten erhitzen – gelegentlich umrühren, bis die Mischung dick ist. Die Hälfte der Rosinen und Mandeln einrühren. Warm servieren, mit Rosinen und Mandeln verzieren.

Für 4 bis 6 Personen

Hinweis: Dazu paßt Joghurt.

INDISCHER OBSTSALAT

2 Mangos
2 Bananen
2 Orangen
50 g blaue Trauben
50 g weiße Trauben
1 Papaya
Geriebene Schale und Saft einer Limone
50 g Zucker
Frisch gemahlener schwarzer Pfeffer
Joghurt zum Servieren

Die Mangos schälen und entsteinen. Das Fruchtfleisch in dünne Scheiben schneiden und alle kleinen Stücke aufheben. Die Bananen schälen und diagonal in Scheiben schneiden.

Die Orangen schälen und in Segmente zerteilen. Über einer Schüssel arbeiten und den Saft auffangen. Die Trauben halbieren und entkernen. Die Papaya schälen und halbieren, die Kerne auslösen und das Fruchtfleisch in Scheiben schneiden. Alles Obst in eine Schüssel geben und vermengen.

Orangen- und Limonensaft, Zucker und Mango und Papayareste in einen Mixer füllen und zu einer glatten Mischung verrühren. Limonenschale und Pfeffer hinzufügen. Diese Sauce über den Obstsalat gießen. Mindestens 1 Stunde kühlen und mit Joghurt servieren.

Für 4 bis 6 Personen

Hinweis: Man kann auch andere Früchte verwenden, z. B. Melone, Guave, Ananas.

MANDELTOFFEE

500 g Zucker
150 ml Magermilchpulver
Ein paar Tropfen Vanilleessenz
25 g Mandelblättchen, geröstet

Ein quadratische Backform (18 cm) einfetten und den Boden mit Pergamentpapier auslegen. Zucker und 250 ml Wasser in einen schweren Topf füllen und langsam erhitzen, bis der Zucker aufgelöst ist. Immer wieder umrühren.

Auf mittlerer Flamme zum Kochen bringen und kochen lassen, bis ein paar Tropfen der Flüssigkeit eine weiche Kugel bilden, wenn man sie in kaltes Wasser gibt. Milchpulver einrühren und unter Rühren 3 bis 4 Minuten kochen. Wenn die Mischung am Löffel trocken wird, die Vanille einrühren.

In die vorbereitete Form gießen und glattstreichen. Die Mandeln auf die Oberfläche streuen und andrücken. Etwas abkühlen lassen, dann mit einem scharfen Messer in 25 Quadrate schneiden. In der Form lassen, bis die Toffees ganz abgekühlt sind.

Ergibt 25 Stück

KOKOSTORTE

50 g Mehl
450 ml Kokosmilch, siehe Seite 11
6 Eidotter, geschlagen
125 g Zucker
Samen aus 4 grünen Kardamomschoten, zerstoßen
1 Prise frisch geriebene Muskatnuß
125 g Butter, geschmolzen
Joghurt und Bananenscheiben zum Servieren

Das Mehl in eine große Schüssel geben. Kokosmilch, Eidotter, Zucker, Kardamomsamen und Muskat einrühren und den Teig 30 Minuten ruhen lassen.

Den Backofen auf 220° (Gas Stufe 7) vorheizen. Eine Souffléform (15 cm) buttern und mit Pergamentpapier auslegen. 3 TL Butter hineingeben und 5 Minuten im Rohr erhitzen. 5 bis 6 EL Teig in die Form geben und 10 bis 15 Minuten backen, bis er fest und leicht gebräunt ist. Weitere drei Schichten backen und jeweils die untere Schicht mit Butter bestreichen. Jede Schicht 10 bis 15 Minuten backen.

Die Souffléform in eine große Bratform stellen, die halb mit kochendem Wasser gefüllt ist. Weitere 3 Schichten backen. Wenn die letzte Schicht fertig ist, die Form aus dem Rohr nehmen und abkühlen lassen. Den Kuchen mit einem scharfen Messer aus der Form lösen und auf eine Platte stürzen. Warm servieren und Joghurt und Bananenscheiben dazu reichen.

Für 4 bis 6 Personen

APRIKOSENDESSERT

250 g getrocknete Aprikosen
250 g Zucker
250 ml Schlagsahne
50 g Mandeln, gehackt und geröstet

Die Aprikosen und 250 ml Wasser in einem Topf zum Kochen bringen. Zudecken und etwa 25 Minuten köcheln lassen, bis die Aprikosen weich sind.

Inzwischen den Zucker und 500 ml Wasser in einem schweren Topf langsam erhitzen. Immer wieder rühren, bis der Zucker aufgelöst ist. Zum Kochen bringen und etwa 3 Minuten kochen lassen, bis die Flüssigkeit sirupartig ist. Die Aprikosen abtropfen lassen und in einem Mixer pürieren. Den Sirup dazugießen und einrühren.

Die Mischung in eine Schüssel gießen und abkühlen lassen. Mindestens 1 Stunde kühlen. Die Sahne steifschlagen und die Hälfte unter die Aprikosenmischung ziehen, so daß diese marmoriert aussieht. In Dessertschalen umfüllen. 30 Minuten kühlen, mit der restlichen Sahne verzieren und mit Mandeln bestreuen.

Für 4 bis 6 Personen

CASHEWNUSS-FUDGE

250 g ungesalzene Cashewnüsse
375 ml kochendes Wasser
6 TL Milch
150 g Zucker
15 g Butter oder Ghee
Ein paar Tropfen Vanilleessenz
Ein paar Silberblättchen, siehe Seite 17

Die Nüsse in eine Schüssel geben, mit kochendem Wasser übergießen und 1 Stunde ziehen lassen. Eine quadratische Form (18 cm) einfetten und mit Pergamentpapier auslegen.

Die Nüsse abtropfen lassen und in einem Mixer zerkleinern. Die Milch dazugießen und gründlich mit den Nüssen verrühren. Zucker einrühren. Eine große, beschichtete Pfanne aufheizen und darin Butter oder Ghee auf mittlerer Flamme schmelzen. Die Nußmasse in die Pfanne geben und unter Rühren etwa 20 Minuten erhitzen, bis die Masse sehr zäh ist.

Die Vanilleessenz einrühren. Die Masse in die Form füllen und glattstreichen. Ganz auskühlen lassen, dann die Silberblättchen auf die Oberfläche drücken. Das Fudge mit einem nassen, scharfen Messer in 25 rautenförmige Stücke schneiden.

Ergibt 25 Stücke

Hinweis: In einem luftdichten Gefäß bis zu drei Wochen lagerfähig.

FRISCHES MANGO CHUTNEY

2 Mangos
1 rote Chilischote, entkernt, in dünnen Scheiben
25 g Cashewnüsse, gehackt
25 g Rosinen
2 EL gehackte, frische Minze
1 Prise Asafoetida (Asant)
½ TL Kreuzkümmel, gemahlen
¼ TL Cayennepfeffer
½ TL Koriander, gemahlen
Minzezweige zum Garnieren

Die Mangos schälen und entsteinen. Das Fruchtfleisch in sehr dünne Scheiben schneiden.

Mangoscheiben, Chili, Cashewnüsse, Rosinen und Minze in eine Schüssel geben und vorsichtig umrühren. Asafoetida, Kreuzkümmel, Cayennepfeffer und Koriander in einer kleinen Schüssel vermengen und über die Mangomischung streuen.

Rühren, bis die Mangos von den Gewürzen umhüllt sind. Zudecken und 2 Stunden kühlen. Sehr kalt servieren, mit Minzezweigen garnieren.

Ergibt etwa 250 g

LIMONENPICKLE

12 Limonen
50 g grobes Meersalz
3 TL Bockshornkleesamen
3 TL Senfkörner
6 TL Chilipulver
3 TL Kurkuma, gemahlen
250 ml Pflanzenöl, z. B. Sonnenblumenöl oder Erdnußöl
Korianderzweige zum Garnieren

Jede Limone längs in 8 Schnitze zerteilen. In eine große sterilisierte Schüssel legen und mit Salz bestreuen. Beiseite stellen.

Bockshornkleesamen und Senfkörner in eine große Pfanne streuen und trocknen. Auf mittlerer Flamme erhitzen, bis die Körner platzen (1 bis 2 Minuten). In einem Mörser zu einem feinen Pulver zerstoßen.

Chilipulver und Kurkuma dazugeben. Die Gewürzmischung über die Limonen streuen und umrühren. Das Öl daraufgießen und die Schüssel mit einem trockenen Tuch zubinden. 10 bis 12 Tage an einem sonnigen Platz stehenlassen, bis die Limonen weich sind. In sterilisierte Weckgläser umfüllen und an einem kühlen, dunklen Ort bis zu 2 Wochen lagern. Mit Zimmertemperatur servieren.

Ergibt etwa 1,5 kg

Variante: Man kann statt der Limonen auch Zitronen verwenden.

FRISCHES MINZERELISH

250 g Minzeblätter, fein gehackt
3 frische grüne Chilischoten, entkernt, fein gehackt
1 kleine Zwiebel, fein gehackt
2,5 cm frische Ingwerwurzel, fein gehackt
Salz
2 TL Zucker
6 TL Zitronensaft
Minzeblätter und Zitronenscheiben zum Garnieren

Minzeblätter, Chilis, Zwiebel und Ingwer in eine Schüssel geben und gründlich vermengen. Zudecken und mindestens 1 Stunde kühlen.

Salzen, Zucker und Zitronensaft einrühren. Gut gekühlt servieren. Mit Minzeblättchen und Zitronenscheiben garnieren.

Ergibt etwa 375 g

Variante: Soll das Relish milder werden, dann ersetzt man die Chilischoten durch 2 EL gehackten, frischen Koriander.

CHILIPICKLE

2 TL Sesamsamen
1 TL Fenchelsamen
2 TL Korianderkörner
2 TL Kreuzkümmelsamen
50 ml Pflanzenöl
½ TL schwarze Pfefferkörner
20 frische grüne Chilischoten
1 TL Mangopulver
9 TL Zitronensaft
Geriebene Zitronenschale zum Garnieren, nach Wunsch

Sesam, Fenchel, Koriander und Kümmel in eine Pfanne geben. Die Körner trocken auf mittlerer Flamme erhitzen, bis sie zu platzen beginnen.

Öl, Pfefferkörner, Chilis und Mangopulver hinzugeben und unter Rühren braten, bis die Chilis weich sind. In eine Schüssel umfüllen, mit Zitronensaft beträufeln und kalt werden lassen. Zum Servieren mit Zitronenschale garnieren, wenn gewünscht.

Ergibt etwa 185 g

Hinweis: Wenn man die Chilischoten vor der Verarbeitung halbiert und entkernt, sind sie nicht so scharf.

KORIANDERCHUTNEY

Saft von 2 Zitronen
50 g frische Kokosnuß, geraspelt
2,5 cm frische Ingwerwurzel, gerieben
1 grüne Chilischote, entkernt
125 g frische Korianderblätter
2 Frühlingszwiebeln, gehackt
2 TL Zucker
Salz
Korianderblätter und Frühlingszwiebeln zum Garnieren

Zitronensaft, Kokosraspeln, Ingwer und Chilischote in einem Mixer zu einer glatten Paste pürieren. In eine Schüssel umfüllen.

Die Korianderblätter in feine Streifen schneiden und zusammen mit den Frühlingszwiebeln und dem Zucker in die Kokosmasse einrühren. Salzen, zudecken und mindestens 1 Stunde kühlen. Gut gekühlt servieren. Mit Koriander und Frühlingszwiebeln garnieren.

Ergibt etwa 250 g

Hinweis: Man kann auch getrocknete Kokosraspeln verwenden. Die gleiche Menge getrockneter Kokosraspeln in 75 ml kochendem Wasser 10 Minuten einweichen und dann abtropfen lassen und auspressen.

AUBERGINENPICKLE

750 g kleine Auberginen
$^{1}/_{2}$ TL Kurkuma
Salz
500 ml Pflanzenöl
6 Knoblauchzehen, zerdrückt
2,5 cm frische Ingwerwurzel, gerieben
3 TL Garam Masala, siehe Seite 11
1 TL Cayennepfeffer

Die Auberginen längs halbieren und mit Kurkuma und Salz bestreuen.

75 ml Öl in einer großen Pfanne erhitzen und die Auberginen etwa 5 Minuten anbraten, bis sie goldbraun sind. Häufig umrühren. Knoblauch und Ingwer einrühren und 2 Minuten mitbraten. Garam Masala, Cayennepfeffer und das restliche Öl hinzufügen und die Mischung offen 10 bis 15 Minuten garen, bis die Auberginen weich sind. Gelegentlich umrühren.

Abkühlen lassen, dann in sterilisierte Gläser füllen. Mit einem trockenen Tuch verschließen und 3 Tage an einem sonnigen Platz stehenlassen. Jeden Tag vorsichtig umrühren. Die Gläser fest verschließen und an einem kühlen, dunklen Platz bis zu 2 Monaten lagern.

Ergibt etwa 750 g

Hinweis: Man kann auch größere Auberginen verwenden. Man viertelt sie der Länge nach und schneidet sie in Scheiben.

GURKENRAITA

⅓ Gurke
250 ml Joghurt
1 EL frischer Koriander, gehackt
1 EL frische Minze, gehackt
1 grüne Chilischote, entkernt, fein gehackt
Salz
1 TL Kreuzkümmelsamen
1 TL Senfkörner
Koriander- oder Minzeblätter zum Garnieren

Die Gurke in Streifen (0,3 x 1 cm) schneiden und in eine Schüssel geben.

Joghurt, Koriander, Minze und Chili hinzufügen und alles verrühren. Mit Salz würzen und 30 Minuten kühlen.

Inzwischen Kümmel und Senfkörner in einer Pfanne auf mittlerer Flamme 1 bis 2 Minuten erhitzen, bis die Körner zu platzen beginnen. Abkühlen lassen und dann über die Joghurtmischung streuen. Diese mit Koriander- oder Minzeblättern garnieren und eiskalt servieren.

Ergibt etwa 375 ml

KAROTTEN-PISTAZIEN-RAITA

25 g Pistazienkerne, grob gehackt
50 g Rosinen
100 ml kochendes Wasser
4 Karotten, grob geraspelt
175 ml Joghurt
1 EL frische Minze, gehackt
½ TL Chilipulver
½ TL Kardamomsamen, zerstoßen
½ TL Kreuzkümmel, gemahlen
Salz

Pistazien und Rosinen in einer Schüssel mit kochendem Wasser übergießen. 30 Minuten ziehen lassen, dann abtropfen lassen und mit Küchenkrepp trockentupfen.

Karotten, Joghurt, gehackte Minze, Chilipulver, Kardamomsamen und Kümmel in eine Schüssel füllen, salzen und gut vermengen.

30 Minuten kühlen. Nüsse und Rosinen bis auf 2 EL in die Joghurtmischung einrühren. Mit den restlichen bestreuen. Das Raita gut gekühlt servieren.

Ergibt etwa 375 ml

Variante: Die Pistazien durch gehackte Mandeln ersetzen.

ROTE BETE-JOGHURT-SALAT

6 kleine, gekochte Rote-Bete-Knollen
250 ml Joghurt
1 TL Zucker
Salz und Cayennepfeffer
1 EL frischer Schnittlauch, kleingeschnitten
1 kleiner Bund Schnittlauch zum Garnieren

Die Rote Bete in 0,3 cm dicke Scheiben schneiden und auf einer Servierplatte anrichten.
Zudecken und 30 Minuten kühlen.

Joghurt in eine Schüssel gießen und den Zukker einrühren. Mit Salz und Cayennepfeffer würzen. 30 Minuten kühlen.

Die Joghurtsauce auf die rote Bete gießen. Schnittlauch daraufstreuen. Mit Schnittlauch garnieren und gut gekühlt servieren.

Für 4 bis 6 Personen

Variante: Die Rote Bete in kleine Würfel schneiden und vor dem Kühlen in den Joghurt einrühren.

GURKEN UND CHILIS

250 g Gurke
Salz
2 frische grüne Chilischoten, entkernt, in feinen Streifchen, siehe Hinweis
1 kleine rote Chilischote, entkernt, fein gehackt
½ TL Zwiebelsamen
6 TL Weißweinessig
1 TL Zucker

Die Gurke in sehr dünne Scheiben schneiden.

Die Gurkenscheiben in ein Sieb legen und mit reichlich Salz bestreuen. 30 Minuten abtropfen lassen, dann gründlich unter kaltem Wasser abspülen. Mit Küchenkrepp trockentupfen und auf einer Servierplatte anrichten.

Chilis und Zwiebelsamen in einer kleinen Schüssel vermengen und auf die Gurken streuen. Essig und Zucker in einem Schälchen verrühren und über die Gurken gießen. Die Gurkenscheiben zudecken und 30 Minuten kühlen.

Für 4 bis 6 Personen

Hinweis: Man kann die Chilikerne auch mitverwenden. Dann wird das Gericht jedoch sehr scharf.

TOMATENKUCHUMBER

375 g Cocktailtomaten
6 Frühlingszwiebeln
1 grüne Chilischote, entkernt, gehackt
3 TL Zitronensaft
2 EL frischer Koriander, gehackt
Salz und Cayennepfeffer
Frühlingszwiebeln zum Garnieren, nach Wunsch

Die Tomaten vierteln und in einer Servierschüssel anrichten.

Die Zwiebeln diagonal in lange, dünne Scheiben schneiden. Zwiebeln und Chilis über die Tomaten streuen und alles vorsichtig mischen.

Den Zitronensaft daraufträufeln. Mit Koriander, Salz und Cayennepfeffer würzen, dann zudecken und 30 Minuten kühlen. Garnieren und sehr kalt servieren.

Für 4 bis 6 Personen

Variante: Größere Tomaten in Scheiben schneiden und auf einer Servierplatte anrichten. Die anderen Zutaten darauf verteilen und die Tomaten dann kühlen.

WEISS-ROTER RETTICHSALAT

175 g weiße Rettiche (Mooli)
10 Radieschen
1 kleine grüne Paprikaschote
1 frische grüne Chilischote, entkernt, fein gehackt
6 TL Limonensaft
Salz
6 schwarze Pfefferkörner, grob gemahlen
1 EL frische Minze, gehackt

Den weißen Rettich schälen und in dünne Scheiben schneiden. Die Radieschen in Scheiben schneiden. Auf einer Servierplatte anrichten.

Die Paprikaschote der Länge nach in 6 Streifen schneiden, Kerne und Stiel entfernen. Die Streifen in kleine Scheiben schneiden. Paprika und Chili über die Rettiche streuen.

Limonensaft über den Salat träufeln. Mit Salz, Pfeffer und Minze bestreuen. Zudecken und 30 Minuten kühlen. Den Salat sehr kalt servieren.

Für 4 bis 6 Personen

CHAPATI

150 g Mehl
150 g Vollkornmehl
Salz
50 g Butter oder Ghee, geschmolzen, zum Servieren

Mehl und Salz in eine Rührschüssel sieben. Mit etwa 185 ml Wasser zu einem weichen Teig verrühren.

Den Teig auf einer bemehlten Fläche etwa 5 Minuten kneten, bis er glatt und elastisch ist. Dann mit nassen Händen noch eine weitere Minute kneten, damit er völlig weich ist. In Frischhaltefolie wickeln und 30 Minuten kühlen. Den Teig in 12 Portionen teilen und jede auf einer bemehlten Fläche ausrollen (12 cm).

Eine Pfanne auf mittlerer Flamme aufheizen und die Teigfladen nacheinander 1 bis 2 Minuten ausbacken (bemehlte Seite nach unten), bis der Teig an der Oberseite Blasen wirft. Dann wenden und die zweite Seite ½ bis 1 Minute backen. (Dabei mit einem trockenen Tuch in die Pfanne drücken.) Die fertigen Chapatis sofort in ein trockenes Tuch wickeln. Mit Butter oder Ghee bestreichen und warm servieren.

Ergibt 12 Stück

NAAN

500 g Mehl
1 TL Backpulver
½ TL Speisesoda
Salz
1 Ei, geschlagen
6 EL Joghurt
50 g Butter oder Ghee, geschmolzen
Etwa 250 ml Milch
3 TL Mohnsamen

Mehl, Backpulver und Soda in eine Rührschüssel sieben. Mit Salz würzen.

Ei, Joghurt und 25 g Butter oder Ghee einrühren. Langsam soviel Milch hinzugießen, bis ein weicher Teig entsteht. Mit einem feuchten Tuch bedecken und 2 Stunden an einem warmen Platz gehen lassen. Den Backofen vorheizen (200°, Gas Stufe 6). Den Teig auf einer leicht bemehlten Fläche 2 bis 3 Minuten kneten, dann in 8 Portionen teilen.

Jede Portion zu einer Kugel formen, dann zu ovalen Fladen (15 cm lang) ausrollen. Die Enden etwas ziehen. Die Fladen mit Wasser bestreichen und mit der nassen Seite auf eingefettete Bleche legen. Die andere Seite mit Butter oder Ghee bestreichen und mit Mohn bestreuen. 8 bis 10 Minuten backen, bis die Fladen goldbraun und aufgegangen sind. Sofort servieren.

Ergibt 8 Stück

BLÄTTRIGES BROT

500 g Mehl
Salz
125 g Butter oder Ghee
2 TL Zucker
Etwa 500 ml Milch
1 Prise Safranfäden

Mehl und Salz in eine Rührschüssel sieben. Butter oder Ghee, bis auf 15 g, einrühren, bis die Mischung krümelig wird. Den Zucker hinzufügen und mit etwa 300 ml Milch zu einem weichen Teig verkneten.

Den Teig gründlich durchkneten, dann in eine leicht geölte Schüssel legen. Zudecken und 2 Stunden an einem kühlen Platz ruhen lassen. Die restliche Milch fast kochen lassen und die Safranfäden $1\frac{1}{2}$ bis 2 Stunden einweichen. Den Backofen auf 230° (Gas Stufe 8) vorheizen und ein Backblech miterhitzen. Den Teig auf einer bemehlten Fläche durchkneten und in 8 Portionen teilen. 4 Portionen auf einmal zu Kugeln rollen, den Rest mit einem trockenen Tuch bedecken.

Die ersten 4 Kugeln ausrollen (15 cm ∅) und mit einer Gabel einstechen. Auf das heiße Blech im Herd pressen und etwa 8 Minuten backen, bis die Fladen braun werden. Beim Backen zweimal mit etwas Safranmilch besprengen. Restliche Butter (oder Ghee) schmelzen und die Fladen bestreichen. Mit den gebutterten Seiten aufeinanderlegen und in ein trockenes Tuch wickeln. Die restlichen Brote backen. Warm servieren.

Ergibt 8 Stück

PARATHA

250 g Mehl
250 g Vollkornmehl
Salz
½ TL Zwiebelsamen
½ TL Selleriesamen
250 g Butter oder Ghee, geschmolzen
Sellerieblätter zum Garnieren

Mehl und Salz in eine Rührschüssel sieben. Zwiebel- und Selleriesamen dazugeben und etwa 150 ml Wasser einrühren. Es soll ein ziemlich weicher Teig entstehen.

5 Minuten auf einer leicht bemehlten Fläche kneten, bis der Teig glatt und geschmeidig ist. In Frischhaltefolie wickeln und 30 Minuten kühlen. Den Teig in 10 Portionen teilen und jede ausrollen (12 cm ∅). Jeweils eine Seite mit Butter oder Ghee bestreichen und die Fladen zusammenklappen (Butterseite nach innen). Die Oberseite mit Butter bestreichen und die Fladen noch einmal zusammenklappen.

Die Dreiecke auf einer bemehlten Fläche ausrollen, bis die geraden Kanten etwa 12 cm lang sind. Eine schwere Pfanne erhitzen und mit Butter oder Ghee bestreichen. Je 2 bis 3 Fladen gleichzeitig 1 Minute backen, mit Butter bestreichen und wenden. Weitere 1 bis 2 Minuten backen, dann auf einem Teller stapeln und mit einem Tuch bedecken. Die restlichen Fladen backen. Mit Sellerie garnieren und warm servieren.

Ergibt 10 Stück

POORI

50 g Mehl
50 g Vollkornmehl
1 Prise Salz
¼ TL Kardamomsamen
Etwa 2 EL Pflanzenöl und Öl zum Fritieren
Etwa 50 ml warmes Wasser

Mehl und Salz in eine Rührschüssel sieben. Kardamom und 3 TL Öl einrühren und soviel Wasser dazugeben, daß ein weicher Teig entsteht.

Den Teig 5 Minuten auf einer leicht eingeölten Fläche kneten (Hände ebenfalls mit Öl befeuchten), bis er weich und geschmeidig ist. In Frischhaltefolie einwickeln und 10 Minuten ruhen lassen. In 8 Portionen teilen und Kugeln formen. Die Kugeln mit Mehl bestäuben und mit einem feuchten Tuch bedecken. Nach und nach Fladen (ca. 7 cm ∅) ausrollen. Die restlichen Kugeln immer zugedeckt lassen.

Eine tiefe Pfanne oder Friteuse halb mit Öl füllen. Das Öl auf 190° erhitzen (bis ein Brotwürfel vom Vortag in 40 Sekunden bräunt). Die Fladen einzeln ½ bis 1 Minute goldgelb fritieren, dabei einmal wenden. Beim Fritieren mit einem Löffel auf die Fladen klopfen, damit sie besser aufgehen. Sofort servieren.

Ergibt 8 Stück

DOSA

50 g Urad Dhal (Mungbohnen, gespalten, aber nicht geschält)
150 g Langkornreis
2 Frühlingszwiebeln, feingehackt
2 EL frischer Koriander, gehackt
2,5 cm frische Ingwerwurzel, gerieben
1 frische grüne Chilischote, entkernt, gehackt
½ TL Salz
Etwa 3 EL Pflanzenöl
Korianderblätter zum Garnieren

Dhal und Reis gründlich waschen und in getrennte Schüsseln füllen. Jeweils 500 ml Wasser dazugießen und 3 Stunden einweichen. Dann gut abtropfen lassen.

Dhal in einen Mixer füllen. 100 ml Wasser dazugeben und pürieren. Dann den Reis mit 100 ml Wasser ebenfalls pürieren. Beide Pürees in einer großen Schüssel mischen. Mit einem feuchten Tuch bedecken und 12 Stunden bei Zimmertemperatur stehenlassen.

Zwiebeln, Koriander, Ingwer, Chili, Salz und etwa 9 TL Wasser einrühren, daß ein weicher Teig entsteht. Eine kleine Pfanne (15 cm ∅) erhitzen, mit Öl bestreichen, 2 bis 3 EL Teig hineingeben und ausstreichen (10 cm ∅). Auf großer Flamme etwa 3 Minuten backen. Nach der halben Zeit wenden. Mit einem trockenen Tuch bedecken und die restlichen Fladen backen. Warm servieren.

Ergibt etwa 12 Stück

ERBSENKACHORI

250 g Vollkornmehl
¼ TL Salz
½ TL Kreuzkümmelsamen
½ TL Anissamen
6 TL Pflanzenöl und Öl zum Fritieren
1 frische grüne Chilischote, entkernt, gehackt
2,5 cm frische Ingwerwurzel, gerieben
50 g Tiefkühlerbsen, aufgetaut

Mehl und Salz in eine Rührschüssel sieben. Die übriggebliebene Kleie dazugeben. Etwa 50 ml Wasser hinzufügen und einen weichen Teig kneten. Den Teig auf einer bemehlten Fläche 5 Minuten kneten.

Den Teig mit einem trockenen Tuch bedecken und beiseite legen. Eine Pfanne erhitzen, Kümmel und Anis etwa ½ Minute trocken braten, bis sie platzen. In einem Mörser zerstoßen. Öl in einer Pfanne erhitzen. Zerstoßene Gewürze, Chili und Ingwer darin 2 Minuten anbraten. Die Erbsen pürieren, in die Pfanne geben und 1 Minute mitbraten. Abkühlen lassen. Den Teig in 12 Portionen teilen und zu Kugeln formen.

In jede Kugel eine Vertiefung drücken und etwa 1 TL Füllung hineingeben. Mit Teig verschließen. Jede Kugel auf einer bemehlten Fläche ausrollen (7 cm ∅). Eine tiefe Pfanne oder Friteuse halb mit Öl füllen und das Öl auf 190° (bis ein Brotwürfel vom Vortag in 40 Sekunden bräunt) erhitzen. Je zwei Fladen 2 bis 3 Minuten fritieren, bis sie goldbraun sind. Warm servieren.

Ergibt 12 Stück

NIMKI

125 g Mehl
$^1/_2$ TL Salz
15 g Butter oder Ghee
1 große Prise Chilipulver
$^1/_4$ TL Zucker
$^1/_2$ TL Zwiebelsamen
Pflanzenöl zum Fritieren
Chiliblüten zum Garnieren, nach Wunsch

Mehl und Salz in eine Rührschüssel sieben. Butter oder Ghee einrühren, bis die Mischung krümelig aussieht.

Chilipulver, Zucker und Zwiebelsamen einrühren. Mit etwa 50 ml Wasser zu einem weichen Teig mischen. Den Teig auf einer bemehlten Fläche 0,3 cm dick ausrollen und mit einer Gabel einstechen. In 2,5 cm breite Streifen schneiden, dann diagonal schneiden, daß ungefähr 30 Rauten entstehen.

Eine tiefe Pfanne oder Friteuse halb mit Öl füllen. Das Öl auf 190° (bis ein Brotwürfel vom Vortag in 40 Sekunden bräunt) erhitzen. Die Nimki in 2 oder 3 Portionen 1 bis 2 Minuten fritieren.
Gut abtropfen und abkühlen lassen.

Ergibt etwa 30 Stück

Hinweis: Diese kleinen, knusprigen Brote eignen sich gut als Partyknabberei. Man kann sie 2 Tage im voraus backen und in einem luftdichten Behälter lagern.

BANANEN-JOGHURT-MILCHSHAKE

4 reife Bananen
100 g weicher, hellbrauner Zucker
1 TL Kardamomsamen
1 l kalte Milch
150 ml Joghurt
5 Eiswürfel

Die Bananen schälen und in Scheiben schneiden. Ein paar Scheiben zum Verzieren beiseite legen.

Die restlichen Scheiben in einen Mixer füllen. Zucker, Kardamom, Milch, Joghurt und Eiswürfel hinzugeben und alles verrühren, bis die Milch sehr schaumig aussieht.

In hohe Gläser füllen und mit den restlichen Bananenscheiben verzieren.
Sofort mit dicken Trinkhalmen servieren.

Ergibt etwa 1,25 l

MILCH-SAFRAN-SHERBET

½ TL Safranfäden
6 TL kochendes Wasser
100 g Pistazienkerne, geschält
Samen aus 10 grünen Kardamomschoten
50 g Zucker
1,25 l kalte Milch
Zerstoßene Eiswürfel

Safran und kochendes Wasser in eine kleine Schüssel geben und 30 Minuten ziehen lassen.

Safran und Wasser, zwei Drittel der Pistazienkerne, Kardamom und Zucker in einen Mixer füllen. Zu einer glatten Mischung verrühren. Die Milch dazugießen und rühren, bis sie schaumig ist. Die restlichen Nüsse hacken.

Hohe Gläser halb mit Eis füllen und die schaumige Milch daraufgießen. Mit den gehackten Pistazien bestreuen und sofort servieren.

Ergibt etwa 1,25 l

ORANGEN-SHERBET

Etwa 8 Orangen
125 g Zucker
Eiswürfel
625 ml Mineralwasser mit Kohlensäure
Orangenschale und Minzezweige zum Verzieren

Die Orangen auspressen. Es soll etwa 625 ml Saft ergeben.

Inzwischen Zucker und 625 ml Wasser in einem großen Topf langsam erhitzen. Immer wieder rühren, bis der Zucker aufgelöst ist. Zum Kochen bringen und offen 5 Minuten köcheln lassen. Den Orangensaft dazugießen und alles weitere 5 Minuten kochen lassen. Abkühlen lassen, dann kühlen.

Eiswürfel in hohe Gläser füllen, etwas Orangensirup daraufgießen und darüber Mineralwasser ‹decken›. Die Gläser mit Spiralen aus Orangenschale und Minze verzieren.

Ergibt etwa 1,25 l

Hinweis: Man kann auch gekauften Orangensaft verwenden, wenn es schneller gehen soll.

MANGO-MILCHSHAKE

4 reife Mangos
100 g Zucker
1 l kalte Milch
Zerstoßenes Eis

Die Mangos schälen und entsteinen.

Das Fruchtfleisch in einem Mixer zerkleinern. Zucker und Milch hinzugeben und rühren, bis die Milch schaumig ist.

Hohe Gläser halb mit zerstoßenem Eis füllen und den Mangoshake daraufgießen. Sofort mit dicken Trinkhalmen servieren.

Ergibt etwa 1,25 l

Hinweis: Wenn das Mixgefäß zu klein ist, den Shake in zwei Portionen zubereiten.

DUFTENDES ZITRONEN-SHERBET

Gerieben Schale und Saft von 2 Zitronen
50 g Zucker
Eine Handvoll Zitronenmelisseblätter
Zerstoßenes Eis
Etwa 1 l Eiswasser
Zitronenschale und Zitronenmelisse zum Verzieren, siehe Hinweis

Zitronenschale und -saft, Zucker und Zitronenmelisse in einen Mixer füllen und zerkleinern. In ein Gefäß abseihen und kühlen.

Hohe Gläser mit zerstoßenem Eis füllen. Ein wenig des Zitronenkonzentrats daraufgießen und mit Eiswasser auffüllen. Mit Spiralen aus Zitronenschale und Zitronenmelisse verzieren.

Ergibt etwa 1,25 l

Hinweis: Mit einem Schälmesser einen langen Streifen Schale herausschneiden. Diesen um einen Spieß wickeln, festbinden und in kochendem Wasser ein paar Sekunden blanchieren. In kaltem Wasser abspülen und den Spieß entfernen.

GEWÜRZTEE

5 schwarze Pfefferkörner
3 TL Kardamomsamen
3 TL Nelken
4 cm Zimtstange
25 g Ingwer, gemahlen
Indische Teeblätter
Kochendes Wasser
Zucker und Milch nach Geschmack

Pfefferkörner, Kardamom, Nelken und Zimt in einen Mörser füllen und zu einem feinen Pulver zerstoßen. Ingwer dazugeben und ein paar Sekunden zerstoßen, bis alles vermischt ist.

Eine Kanne Tee zubereiten und etwa ½ EL der Gewürzmischung dazugeben. An einem warmen Platz 1 bis 2 Minuten ziehen lassen. Heiß mit Milch und Zucker servieren.

Ergibt etwa 8 EL Gewürzmischung, genug für 16 Kannen Tee.

Hinweis: Die restliche Gewürzmischung in ein Schraubglas füllen und 2 bis 3 Monate im Schrank aufbewahren.

LIMONEN-MINZE-SHERBET

4-6 Limonen
50 g Zucker
1 Prise Salz
Eine Handvoll Minzeblätter
Eiswürfel
Etwa 1 l Eiswasser
Minzeblätter und Limonenscheiben zum Verzieren

100 ml Limonensaft auspressen.

Den Saft in einen Mixer füllen. Zucker, Salz und Minzeblätter dazugeben und alles zu einer glatten Mischung verrühren. In ein Gefäß seihen und kühlen.

Hohe Gläser halb mit Eiswürfeln füllen. Mit ein wenig Limonenkonzentrat übergießen und mit Eiswasser auffüllen. Mit Minzeblättern und Limonenscheiben verzieren und sofort servieren.

Ergibt etwa 1,25 l

INDISCHER SOMMERPUNSCH

3 TL Fenchelsamen
Samen aus 6 grünen Kardamomschoten
3 Nelken
4 schwarze Pfefferkörner
50 g Mandeln, gemahlen
25 g Pistazienkerne, geschält
50 g Sonnenblumenkerne
300 ml kochendes Wasser
125 g Zucker
1 l kalte Milch
Apfelscheiben und Fenchelzweige zum Verzieren

Fenchel und Kardamom, Nelken und Pfefferkörner in einem Mörser zu einem feinen Pulver zerstoßen.

Mandeln, Pistazien und Sonnenblumenkerne in eine kleine Schüssel geben und mit 100 ml kochendem Wasser übergießen. 20 Minuten einweichen lassen, dann abgießen. In einen Mixer füllen, das restliche Wasser dazugießen und pürieren.

Gewürze und Zucker hinzufügen und alles gründlich verrühren. Durch ein Tuch gießen und die Paste, so gut es geht, auspressen. Die Paste wegwerfen und die Flüssigkeit mindestens 1 Stunde kühlen. Mit der Milch verrühren. In hohen Gläsern auf Eis servieren. Die Gläser mit Apfel und Fenchel verzieren.

Ergibt etwa 2 l

Hinweis: Man kann die Gewürze auch in der Kaffeemühle mahlen.

INDEX